LE TAROT DE LA FORÊT ENCHANTÉE

LE TAROT DE LA FORÊT ENCHANTÉE

MARK RYAN et JOHN MATTHEWS

Illustrations de **Will Worthington**

ÉDITIONS VÉGA
19, rue Saint-Séverin
75005 - Paris

De nouveau, à Richard Carpenter pour Robin des Bois
et tous ceux qui ont foulé le sentier de la Forêt enchantée.
M.R. ET J.M.

Titre original : *The Wildwood Forest Tarot*

TRADUIT DE L'ANGLAIS PAR ANTONIA LEIBOVICI
AVEC LA COLLABORATION DE YVES FEUGEAS

ISBN : 978-2-85829-700-9

Imprimé en Chine

www.editions-tredaniel.com
info@guytredaniel.fr

SOMMAIRE

RETOUR SUR LE TAROT VERT

Préface par Mark Ryan

DIX-SEPT ANS ONT PASSÉ depuis le début des recherches sur le concept original du *Greenwood Tarot* et quinze ans depuis sa première publication en anglais (1996), durant lesquels il s'est acquis le respect des enthousiastes de Tarot du monde entier.

La sagesse et l'inspiration du monde de la Forêt verdoyante ont été entretenues, personnalisées et mises en pratique par des milliers de gens, qui ont par ailleurs interagi avec les archétypes ésotériques l'habitant et avec la Roue de l'année. De plus, ils ont atteint une conscience spirituelle et culturelle plus considérable de notre relation avec les plaines intérieures de notre mental et ont régénéré la force et la révérence de son héritage. Le modeste rôle que j'ai joué dans le développement de ce vaste monde si différent et si durable me remplit d'un sentiment de grande humilité.

Les nombreuses lectures effectuées au fil des années m'ont permis d'apprécier la flexibilité de ce Tarot, qui m'a étonné maintes fois par sa sensibilité et par les applications pénétrantes mais toujours pratiques que peut susciter une « Question du Graal » sincère et claire. J'ai utilisé récemment le jeu pour trouver une réponse à la question d'une jeune personne. Une fois encore, j'ai été agréablement surpris par la cohérence et la pertinence des lames, même si je ne savais rien de la question ou du processus de prise de décision concernant la situation au moment concerné.

Après trois lectures différentes à propos du même problème, où les mêmes lames étaient revenues trois fois sur diverses positions de l'Étalement de l'Arc offrant doucement mais fermement leurs aperçus, la personne a voulu savoir quelle était, selon moi, la question essentielle. Elle a été extrêmement surprise lorsque je lui ai précisé la véritable nature de son problème et ce qu'elle avait déjà décidé de faire. Il lui fallait seulement une confirmation et la confiance d'affronter les événements en train de se produire et de voir les changements comme une transition positive. Le principal était de tenir le changement de vie et le déménagement pour une occasion, pas pour un recul. Les lames reflétaient son dilemme et refusaient d'être représentées ou manipulées d'une autre manière. L'Étalement de l'Arc avait fonctionné une fois de plus avec grande pertinence et justesse. Le conseil était clair et pratique, incitant à réfléchir, ce qui reste en fait le but ultime du jeu.

Il m'a semblé que le moment était venu de présenter une fois de plus ce jeu à un public plus large. Lorsque l'idée m'a été soumise par mon ami John Matthews, j'ai saisi l'occasion. En y ajoutant les superbes illustrations de Will Worthington et en utilisant la philosophie de la Forêt verdoyante pour redéfinir et faire évoluer les concepts, nous avons créé *Le Tarot de la Forêt enchantée*. Ce nouveau jeu comporte des thèmes familiers et accessibles, présentés de manière réfléchie et claire et des illustrations qui exaltent l'âme et la célèbrent.

Il est intéressant de noter qu'au cours de ces derniers 17 ans, les anthropologues se sont penchés davantage, avec plus d'intérêt scientifique, sur les origines de l'homme depuis les prémices de son évolution. De nouvelles découvertes font remonter dans le temps encore plus qu'on le pensait les premiers pas de nos ancêtres préhistoriques. Elles ont mené à la formulation de nouvelles théories quant à la raison qui nous a poussés à marcher debout et à la manière dont ce développement a changé irréversiblement le chemin de notre évolution. La découverte d'*Ardipithecus ramidus*, espèce d'hominidé ayant vécu dans une région boisée d'Éthiopie il y a environ 4,4 millions d'années (un million d'années avant « Lucy », *Australopithecus afarensis*) a suscité des discussions passionnées sur un ancêtre commun. Le squelette presque complet d'« Ardi » et les restes partiaux de plus d'une centaine d'autres individus de ce genre posent de nouvelles questions sur l'évolution humaine dans l'environnement de la forêt primitive qu'ils habitaient il y a des millénaires. Notre relation émotionnelle profonde avec la forêt primitive peut donc être bien plus ancienne et plus physiquement et psychologiquement importante pour notre évolution qu'on le pensait jusque-là.

De récentes études scientifiques ont suscité aussi des inquiétudes à propos des changements écologiques que l'activité humaine a imposés à l'écosystème au fil de ces 150 dernières années. Le réchauffement global et les actions des pays industrialisés susceptibles d'affecter les bases mêmes du fonctionnement de la planète sont devenus une source d'appréhension réelle. L'« empreinte carbone » et les « énergies renouvelables » créent de nouveaux emplois. Le vert est à la mode et nous sommes, enfin, devenus conscients de notre place dans l'écosystème qui nous garde en vie et peut-être même de notre connexion profonde mais oubliée avec la jadis universelle forêt enchantée.

Ces dernières années, j'ai passé beaucoup de temps avec diverses tribus amérindiennes et j'ai été étonné par les nombreuses corrélations entre le système de la Roue de l'année et la Roue de médecine indigène. Bien que les correspondances ne soient pas directes, plusieurs caractéristiques et concepts sont inhérents aux deux. Les discussions se poursuivent sur les origines des tribus d'Amérique du Nord. Bien que l'ADN semble indiquer la Sibérie et l'Asie comme point de départ de leur migration, de nouvelles théories d'exploration océanique via la Tasmanie et l'Amérique du Sud ont gagné du terrain.

De mystérieux cercles anciens de pierres, des bâtisses rondes et des chambres funéraires ont été découverts aux États-Unis, dans la Nouvelle-Angleterre et le Massachusetts. Certains de ces monolithes de pierre (pesant plus de 45 tonnes) sont alignés avec les solstices et les équinoxes, ainsi qu'avec le lever et le coucher du Soleil. La datation de ces monuments les fait remonter de 1900 à 2400 av. J.-C.; certains montrent une influence apparemment européenne ou celtique. Se pourrait-il que les traditions anciennes aient été transportées sur l'autre rive de l'Atlantique bien avant que le pensent la plupart des historiens ? Se pourrait-il que le concept d'une planète vivante et d'une matrice de vie interconnectée dont nous sommes un élément et non les maîtres ait migré à travers le globe avant d'être effacé par les diverses religions ?

On est frappé par la similarité entre le concept amérindien du Cercle sacré et l'utilisation des quatre éléments, des animaux totems et des couleurs sur le continent européen. Bien que n'étant pas exactement cohérents, même parmi les tribus amérindiennes, les liens sont tout à fait forts, ce qui fait se demander qui est arrivé en premier ? Le système serait-il apparu simultanément dans la psyché humaine collective de nos aïeux ?

Au cours de ces 17 dernières années, ma carrière m'a conduit à diriger une nouvelle génération d'acteurs et d'actrices dans l'apprentissage des techniques de l'épée et du tir à l'arc pour le film *Le Roi Arthur*, à revisiter les étendues désolées des landes hantées du Yorkshire des sœurs Brontë où se trouvent mes racines, à composer des mélodies pour l'adaptation musicale des *Hauts de Hurle-vent* et à me plonger dans le labyrinthe trouble des renseignements militaires et de l'utilisation de la guerre psychologique et occulte du roman graphique *The Pilgrim*. Je me suis aussi déguisé régulièrement en robot transformable extraterrestre et j'ai discuté de la nature de l'âme extraterrestre douée de sensibilité dans les entités biomécaniques Bumblebee et Jetfire des trois films *Transformers*.

Cependant, je n'ai jamais oublié le pouvoir fortifiant de la Forêt enchantée, qui continue à m'inspirer et à m'entourer sur de nombreux plans et à laquelle je retourne régulièrement pour me ressourcer et me guérir, dans mon pays d'adoption, la Californie. Je suis certain que les connexions archétypales et les concepts chamaniques continuent à résonner et à danser dans l'imagination éternelle de l'esprit humain, et vivent à tout jamais dans nos rêves collectifs les plus primordiaux. Je suis ravi de présenter à une nouvelle génération de lecteurs une variante unique et pleine d'énergie du *Greenwood Tarot, Le Tarot de la Forêt enchantée.*

Mes plus profonds remerciements à Chesca Potter pour sa relation véritablement magique avec les habitants de la verte forêt ayant donné naissance aux illustrations visionnaires du jeu d'origine. Sa contribution à ce travail a été vitale et inspirée. Où que vous soyez, Chesca, j'espère que vous êtes heureuse.

MARK RYAN *Los Angeles, 2010*

LE CHANT DE LA FORÊT ENCHANTÉE

Préface par John Matthews

Les forêts et les bois m'ont fasciné dès mon jeune âge et aussi loin que je me souvienne, j'ai toujours entendu leur chant. Le secret des régions boisées associé à l'obscurité et à l'épaisseur impénétrable me ravissait. Depuis lors, elles ont été un aspect central de mon paysage intérieur, influençant tout ce que j'ai écrit.

Dès la naissance de la littérature occidentale, les forêts ont été tenues pour fournir abri à une foule de créatures mythologiques bizarres : les Hommes sauvages vêtus de feuilles, que le Moyen Âge voyait plus comme des animaux que des hommes, l'Homme vert et la Femme verte, les images les plus anciennes de l'interaction entre l'humanité et la nature, le Wodwose, être pareil à un troll, très fort et féroce, qui garde les recoins les plus secrets de la forêt et, bien entendu, toute la légion d'êtres féeriques, de monstres et de créatures puissantes. Vous en rencontrerez plusieurs dans *Le Tarot de la Forêt enchantée.*

J'ai toujours aimé le *Greenwood Tarot.* J'ai été consulté par ses créateurs et, bien que l'idée fût entièrement la leur, je me suis senti un peu comme un grand-père se tenant en arrière pendant que les jeunes continuent à créer. J'ai donc été particulièrement ravi quand Mark Ryan m'a demandé d'ajouter mes idées à ce jeu. La vision de cette nouvelle variante appartient surtout à Mark, mais ici et là nous avons travaillé ensemble pour intensifier l'image et la signification des lames, enrichir l'Arcane mineur, et généralement transformer ce qui était déjà un Tarot dynamique en quelque chose de nouveau, reflétant les mondes les plus anciens de la forêt et ceux qui y demeurent.

Travailler une fois de plus avec l'illustrateur Will Worthington a été un grand plaisir. Il a apporté au projet sa sagesse et une compréhension inégalée du monde naturel, dans une évocation visuelle riche et puissante de la Forêt enchantée.

Comme Mark, un grand merci à Chesca Potter pour sa contribution au *Greenwood Tarot* d'où est né *Le Tarot de la Forêt enchantée.* Chesca, nous espérons que vous aimerez cette nouvelle présentation du Grand bois.

JOHN MATTHEWS *Oxford, 2010*

PREMIÈRE PARTIE

DANS LE VERT

Introduction par Mark Ryan

Le meilleur conseil que j'aie jamais reçu à propos du Tarot était :
« Lis le livre, médite avec les lames,
puis mets le livre de côté et suis ton intuition ! »

Lorsque je grandissais dans le Yorkshire, au nord de l'Angleterre, j'ai passé beaucoup d'après-midi dominicaux ensoleillés à jouer dans le Clumber Park, dans la forêt de Sherwood, lieu de prédilection familial et vieux site populaire de loisirs. Bien des fois, mon frère, ma sœur et moi avons joué autour de l'immense Grand chêne creux. Selon la légende, cet arbre avait été une cache et un point de rencontre pour Robin des Bois et sa bande de joyeux drilles, qui y stockaient souvent nourriture et trésors. C'était un lieu excitant et mystérieux, et il l'est toujours pour les enfants de tous les âges, même de nos jours.

Il y a quelques années, j'avais été attristé et dégoûté en lisant que des vandales avaient mis le feu au creux de l'arbre, tuant presque ce vieux géant noueux, spectaculaire et amical. Cet acte d'une stupidité sans nom symbolisait en quelque sorte ce que nous avons fait à ce monde vivant que nous partageons tous et à la plaine intérieure de l'esprit humain. Le chêne est protégé maintenant par une barrière métallique et les gens n'ont plus le droit de l'approcher, et encore moins de jouer dans son creux. Nos enfants ont été bannis de ce lieu ancien de merveille et de mystère. Pour moi, c'est tragique. Pour beaucoup de gens, le chêne était le portail vers un monde différent, le monde de Robin des Bois, de Lady Marian, de ses joyeux compagnons et de toute la mythologie de la forêt. Nous ne pouvons pas permettre qu'il soit de nouveau mis en danger et affaibli par les individus portés sur la destruction gratuite. Dans notre monde trépidant, nous nous sommes éloignés du cœur de notre Grand chêne spirituel et le feu des vandales est en train d'en tuer les racines. Une voix douce nous met en garde et nous enjoint d'écouter.

Quelle que soit la croyance ou la philosophie à laquelle ils adhèrent, beaucoup de gens réalisent que l'esprit humain s'est malheureusement détaché du besoin de donner un sens à l'existence humaine. Tous les gains matériels du XXe siècle n'ont pas réussi à satisfaire cette exigence spirituelle élémentaire et ont laissé beaucoup de gens assoiffés de savoir et de paix. Nous devons trouver une manière de revenir sur le chemin de la forêt conduisant en sécurité à travers le territoire sombre et primordial de la vie. Le Grand chêne n'est pas assez vieux pour avoir servi de cachette à aucun des personnages historiques susceptibles d'avoir revêtu le manteau de « Robin des Bois », mais en tant que symbole de la nature durable de la forêt, il a survécu comme cette légende, ensanglanté mais invaincu. C'est cette tradition que nous devons apprendre à retrouver et à respecter.

Heureusement, l'imagination de l'enfant qui jouait dans ce vieux chêne il y a tant d'années avait été encouragée à retenir le noyau émotionnel de ces légendes, à les écouter et à apprendre d'elles. Le « mythos » de Robin des Bois, les valeurs et les attitudes essentielles se transmettant à travers le mythe et les arts, tout comme le cycle arthurien, parle grâce à nos rêves et nos émotions sur un plan qui est peu compris, même actuellement. Ces personnages et mythes contournent notre mental rationnel et logique et parlent à notre enfant intérieur, notre vagabond privé, encore rempli d'émerveillement face au monde éblouissant et désireux d'entrer dans le grand jeu. Ils nous font signe de les suivre au-delà des étroites attaches spirituelles de nos perceptions technocratiques, mécanisées, du monde et de regarder dans le sanctuaire paisible de la forêt, lieu de sagesse et d'aventure, de solitude et de sécurité, riche des fruits qui nourrissent tant l'âme que l'imagination.

À ma modeste manière, j'ai eu la chance de pouvoir ajouter une autre dimension aux mystères de la Forêt enchantée, grâce à la série télé des années 1980, Robin of Sherwood (en français, Robin des Bois). Si jamais un acteur voulait qu'on se souvienne de lui pour son interprétation, je suis heureux de la place que Nasir, le Sarrasin égaré et silencieux, occupe maintenant dans la légende. Il y a foule de précédents historiques pour l'assassin de la légende, mais « l'étranger d'un pays étranger » apparaît partout dans les traditions légendaires. Pour moi, Nasir a pris un siège vacant au grand festin de Robin, et pour cela je suis extrêmement reconnaissant et très bien nourri. C'est réellement une leçon d'humilité de savoir qu'un personnage mauresque ou arabe (même un tel personnage féminin) a été présent dans pratiquement chaque production basée sur cette légende depuis la première diffusion de Robin of Sherwood en 1984. Peu d'acteurs peuvent prétendre à l'immortalité en interprétant un archétype ajouté à une légende vieille de 900 ans. Mais telle est la nature des récits mythiques !

Pendant toute ma carrière, devant et derrière la caméra, tout comme dans les livres, le mythe et la légende sont restés des points d'ancrage philosophiques. J'ai aidé les acteurs principaux du film *First Cavalier,* variante des légendes arthuriennes (1995), à apprendre le maniement de l'épée, j'ai été maître d'épée et coordinateur des cascades pour le film *Le Roi Arthur* (2004), si bien que l'autre monde a toujours été accessible et prévisible pour moi, me montrant la voie vers l'aventure suivante. Depuis les Joyeux compagnons aux chevaliers de la Table ronde, il semble que les mystères et les légendes arrivent encore à nous parler avec clarté et sagesse, aussi utiles et pertinentes de nos jours que par le passé.

Quant aux archétypes de la forêt, les personnages et les créatures de la Forêt enchantée ont pu jadis être des déités, certaines devenues maintenant à contrecœur des anges, comme l'Homme vert, glissant sans bruit dans la haute fenêtre de Fountains Abbey dans le Yorkshire, un sourire ironique sur ses lèvres entourées de barbe. D'autres sont devenus des démons, frappant de terreur aveugle les mêmes êtres irrationnels qui ont brûlé des milliers d'innocents sur le bûcher et qui affirment même de nos jours que le savoir ésotérique est un mal dangereux. Dans le monde du XXIe siècle il n'y a qu'un seul mal spirituel véritablement dangereux, l'intolérance – d'où qu'elle vienne.

Dieu ou démon, ange ou héros de légende, dans le monde moderne ce sont des archétypes et des animaux totémiques, représentés de toutes les manières possibles par les œuvres symboliques. *Le Tarot de la Forêt enchantée* tente de restaurer ces archétypes, de les placer dans un cadre abordable et pratique, et de démystifier certaines des convictions politiques et religieuses les plus obscures et récurrentes surchargeant la carte simple et naturelle de l'univers humain externe et interne.

Si vous avez du mal avec la Roue de l'année et les archétypes de la Forêt enchantée et ne savez toujours pas par quel bout les prendre, laissez le livre de côté et écoutez la voix douce. Encore mieux, allez au Grand chêne (où que soit situé le vôtre) et écoutez le bruit des enfants qui jouent. Tôt ou tard, votre exil prendra fin et vous vous tiendrez au creux du vieux chêne. Nous avons tous un siège réservé à la table du grand festin de la forêt et les habitants de la Forêt enchantée nous invitent à manger, à boire et à nous réjouir.

Les profondeurs de la forêt

Le Tarot vit dans chaque personne sur un plan très primitif et parle individuellement à chacun. Ce livre ne se penche pas sur ses nombreux aspects historiques et philosophiques. Il vise à offrir une toile de fond à la Roue de l'année, sur laquelle reposent la mythologie préchrétienne, la théologie chrétienne médiévale et le classicisme de la Renaissance, d'où a été développé le Tarot. Avant de nous plonger dans le mythos de la Forêt enchantée et de la Roue de l'année, une brève explication des recherches et de la philosophie ayant abouti à la création du *Tarot de la Forêt enchantée* semble utile.

POUR COMMENCER Nous aimons tous les deux la forêt, la paix et la quiétude qu'on y trouve. Qu'il s'agisse des vastes territoires des Cascade Mountains du Nord-ouest américain ou des pinèdes vertes des Brecon Beacons du pays de Galles, la forêt offre un lieu de réflexion et un sanctuaire exempt des tensions du monde moderne. La forêt est une métaphore pour la vie et l'inconnu et parfois pour ses aspects sombres. Son caractère sacré et son mystère sont aussi anciens que l'homme ; son symbolisme a été utilisé par toutes les religions et philosophies du monde, depuis les moines cisterciens aux frères Grimm et à leurs contes de fées. Dans le mythos de la forêt, chaque caractéristique et état humains sont entretenus pour que les explorateurs à venir parcourent le chemin, absorbent, étudient et méditent dessus à leur guise. Quelle meilleure base pour un jeu moderne de Tarot ?

Pour nous, le Tarot représente une véritable carte de la psyché humaine, qui peut être manipulée afin d'y intégrer de nouveaux archétypes idéologiques et culturels (comme c'est déjà arrivé par le passé). *Le Tarot de la Forêt enchantée* cherche à restaurer ces archétypes à leur forme véritable et à écarter certains des innombrables attributs ajoutés au fil du temps. Il tente aussi de démystifier une partie du code ésotérique du Tarot en faisant appel à la Roue de l'année. Ce cycle naturel connu depuis la préhistoire montre les saisons et les repères de l'esprit humain, ainsi que le flux naturel de l'hiver, du printemps, de l'été et de l'automne.

ARCHÉTYPES ET GENRE *Le Tarot de la Forêt enchantée* est un voyage, pas une hiérarchie. Comme il y a des hommes dotés de qualités féminines et des femmes dotées de qualités masculines, nous avons décidé de ne pas réduire ces paramètres au concept actuel de genre. Après avoir beaucoup réfléchi aux archétypes essentiels et au principe féminin lunaire, nous avons choisi un concept féminin pour la lame de la Lune sur l'eau. De la même manière, le Soleil de vie est représenté comme principalement masculin – bien que certaines traditions inversent ces polarités. Cela ne veut pas dire qu'il n'y a pas d'hommes lunaires ou des femmes solaires ; les archétypes s'adaptent à ce système et au flux naturel du masculin/féminin au fil du voyage autour de la Roue de l'année.

AVEUGLÉS PAR LA SCIENCE ? Dans une tentative de créer des points de contact pour le lecteur, nous avons élargi les références autant que possible. Les théories et les nouvelles idées sont des tentatives permanentes d'en savoir davantage sur l'univers. Alors que certains essaient de mesurer, en termes mécanistes simples, les manières dont l'univers fonctionne, d'autres négligent le seul facteur qui affecte toutes les perceptions de l'homme : la condition humaine même.

En tant qu'espèce, nous voyons les choses d'une façon particulière, car c'est la seule manière dont nous *pouvons* les voir. Cela n'a probablement pas toujours été le cas. Nos ancêtres voyaient probablement les choses autrement – ou, du moins, ils percevaient le monde dans un contexte différent. Pour eux, les êtres humains étaient des hôtes de la Terre, dépendants d'elle et faisant partie de sa trame. À notre époque, nous sommes ses maîtres et elle est à notre service – tout comme le reste de la création. Est-ce la réalité ou juste la manière dont nous percevons la planète au XXIe siècle ? La vision de notre ego collectif a-t-elle été « aveuglée par la science » ?

Nous savons maintenant que le pont entre matière et énergie est en permanent changement. Les particules de lumière oscillent entre un état d'existence et un autre des millions de fois par seconde. L'acte même de mesurer une particule change celle-ci. La réalité est une mer d'atomes en mouvement perpétuel, la probabilité étant sa seule mesure. Le culte des Assassins, nom dérivé d'*Hashishim*, qui se servaient de drogues pour voir le paradis avant le combat, avait pour devise : « Rien n'est réel. Tout est permis ». La science nous a-t-elle fait revenir au point de départ ?

De par notre dépendance de plus en plus accrue à l'égard des avances technologiques, notre besoin naturel de complétude et d'équilibre avec le monde a été abandonné et oublié. Sur le plan spirituel, le faste et le dogme de bon nombre de religions ont coupé le lien basique entre ce qui est le plus sacré et divin chez le genre humain, le remplaçant par un médiateur humain. Nous sommes bannis de notre lien spirituel avec les dieux, ce qui est particulièrement visible dans le monde occidental industrialisé.

Pourtant, nous nous dirigeons vers un nouvel équilibre de la nature et du genre humain. Beaucoup reviennent à une vision plus holistique de la planète. Dans le bref laps de temps que nous passons ici-bas, nous avons si gravement endommagé l'écosystème que nous risquons de le détruire, ainsi que nous-mêmes. Cette crainte s'est fortement concrétisée dans le développement de la recherche et de la politique écologiques.

Les dinosaures ont régné sur la Terre pendant 160 millions d'années et ont disparu il y a 60 millions d'années. Le genre humain est là depuis un peu plus de 3 millions d'années et les premiers signes de civilisation remontent à environ 25 000 ans, simple battement de paupières du temps. Si nous disparaissons demain dans un enfer nucléaire, dans un million d'années nous serions pareils aux fossiles que nous découvrons actuellement. La Terre a le temps de nettoyer et de repartir à zéro. Nous avons besoin d'elle. Elle peut parfaitement se passer de nous.

La Terre pourrait très bien disposer de sa progéniture inventive mais pénible. Peut-être que cette redécouverte d'une vision holistique du genre humain et de la nature est le dernier avertissement qu'elle nous adresse. Peut-être l'entendons-nous avec la partie de notre esprit qui est encore inhéremment liée à la conscience primale de la planète, pas juste sur un plan individuel, mais en tant qu'espèce.

NOTRE LIEN AVEC LA NATURE C'est dommage que nous vivions dans notre « boîte à deux sous » de conscience, jamais capables d'entendre autre chose que la voix de nos peurs et de nos envies. Si, au cours d'un âge d'or de notre évolution, nous pouvions saisir un aperçu du mental universel et de ses possibilités, la race humaine changerait à tout jamais. Peut-être avons-nous eu jadis une conscience plus aiguë de notre lien avec la nature. Assurément, les religions anciennes tenaient la nature et le respect pour le flux et le reflux des saisons pour la pierre angulaire de la réalisation spirituelle.

Il se peut que nous ayons tous, en fait, la capacité physique naturelle d'aller au-delà des sens semi-latents et d'être conscients sur un plan bien plus pertinent. La réaction « se battre ou fuir » induite par l'adrénaline, si souvent éprouvée par les personnes vivant sur la corde raide, confère une vitesse et une force dont vous n'avez jamais soupçonné la présence chez vous, en plus d'aiguiser la vision, l'ouïe et l'odorat. Rien de miraculeux à cela. La nature nous a donné ces défenses à une époque où elles sauvaient notre vie. De nos jours, où la chasse consiste à chercher un paquet de petits-pois au supermarché, nous n'utilisons pas ces « turbo boosters », qui sont cependant là, quoique dormants.

Nous n'avons plus, en effet, le réflexe de suivre nos instincts de survie. On peut dire la même chose de nos instincts spirituels. Nous savons qu'il y a davantage de choses auxquelles nous connecter, mais les « muscles psychiques » se sont affaiblis par manque d'usage. On a découvert que l'ADN humain ne contient pas juste ce schéma-là, mais aussi un vaste étalage d'histoire physique partagée avec toutes les créatures vivantes ayant jamais existé sur la Terre. Nous sommes réellement un univers solitaire au milieu de la création. Notre ADN comporte des éléments chimiques présents aussi chez le dinosaure ou le loir. Les mêmes forces qui traversent le cœur du soleil lient nos cellules et rendent stable notre réalité humaine.

Au fil de ces vingt dernières années, la science et la magie se sont rapprochées de plus en plus dans leur vision globale de l'univers. La résonance morphique, la psychologie jungienne, la conscience holographique et la science noétique ne sont que quelques-unes des théories qui ont été préconisées pour expliquer la réalité de la condition humaine. Le réservoir de la conscience universelle est riche de personnages archétypaux. Les plus anciens et les plus intéressants à explorer sont les habitants de la Forêt enchantée et nous sommes tous capables de nous accorder à eux. C'est pourquoi le Tarot est une carte naturelle et accessible de la condition humaine. Les vingt-deux lames ou archétypes de l'Arcane majeur sont des portails psychologiques vers notre univers intérieur. Nous sommes tous des Vagabonds, des Chênes foudroyés et des Amoureux de la forêt à divers moments de la journée, sans parler de la vie. Apprendre à vivre avec leurs aspects parfois difficiles pose problème à la plupart des gens du XXIe siècle.

Le sage a dit : « Nous détestons toujours chez les autres ce que nous craignons le plus chez nous. » Si nous ignorons notre propre Gardien ou Femme verte, ils vivent « bannis », comme des esprits rejetés et perturbants autour de notre propre Arbre psychologique du monde. Pour être véritablement « complets », nous devons les accueillir en nous, les accepter et apprendre d'eux, car ils font partie de nous, pas juste en tant qu'individus, mais aussi en tant qu'espèce.

Si les archétypes de l'Arcane majeur ont leur propre réalité objective, en dehors de la psyché collective humaine, ils nous servent bien comme guides et médiateurs face à l'« au-delà ». Grâce au contact avec eux, nous pouvons trouver notre voie dans l'univers à plans multiples de la tradition ésotérique. Peut-être apercevrons-nous une lueur de ce que nous avons oublié et abandonné. Peut-être pourrons-nous renouer avec eux des relations que nos ancêtres comprenaient instinctivement et appréciaient plus que les biens matériels. Le cas échéant, la Terre sera un lieu plus propre, plus heureux et plus sûr.

Nous avons besoin d'étendues vastes et d'extravagance.
Si quelque chose éloigne l'homme de la cascade,
le tigre le tuera.

ROBERT BLY

À travers la Forêt enchantée

Il y a bien de voies vers notre subconscient. Que ce soit la lecture des feuilles de thé ou la méditation, une activité n'a pas de pouvoir magique particulier, elle agit uniquement comme point focal pour le subconscient afin de permettre à la voix intérieure d'avoir son mot à dire. Le Tarot est plus spécifique, car il contacte des archétypes que nous tous abritons et invite un type de réponse très particulier.

Chaque individu renferme plusieurs « personnalités » différentes. Le Tarot représente les principaux traits de la personnalité humaine et les états émotionnels de l'univers intérieur. Chez certains, nombre de ces aspects ou états sont « coupés » de la personnalité essentielle et induisent une peur ou une phobie particulière. Durant le développement du *Tarot de la Forêt enchantée,* nous avons longuement médité sur diverses images. Il a été intéressant de noter que certains, qui avaient du mal à nouer des relations en raison d'un traumatisme d'enfance, ne voyaient pas une image claire des Amoureux de la forêt. D'autres avaient une peur très profonde du Gardien. Un problème d'insécurité personnelle se manifestait par la difficulté à visualiser le Protecteur. Certains aspects de notre personnalité nous déplaisent ou suscitent la crainte, mais une méditation patiente sur ces images et leur acceptation subséquente nous rend forts et complets.

NOUS TROUVER EN PRÉSENCE DE NOS GUERRIERS INTÉRIEURS Lorsque nous commençons à suivre le chemin traversant la forêt, nous avons besoin de toute la ruse, du courage et de la force de nos guerriers et gardiens intérieurs, ainsi que de la patience, de l'honnêteté et de l'énergie créative des anges plus gentils de l'esprit humain. Certains de ces protecteurs sont virulents et sévères, mais nous avons besoin qu'ils le soient. Sans eux, la volonté de supporter le voyage et de nous défendre le cas échéant nous manque. La forêt est remplie d'ombres d'où des yeux nous fixent, attendant une ouverture, une faiblesse. Ces « créatures » sont presque toujours le produit de notre peur, nées de la négligence ou du mauvais traitement de l'enfance ou des blessures infligées par des amoureux abandonnés ou des dogmes rejetés. Quoi qu'elles soient, l'important est que nos guerriers spirituels intérieurs affrontent courageusement ces créatures, imaginaires ou réelles.

Les sentinelles et les guerriers intérieurs qui nous confèrent le courage de regarder dans la nuit et fixer l'inconnu du regard sont là pour tous. Ils doivent contrôler et modérer notre agressivité par le respect et l'honneur. Dans la culture occidentale, les conséquences de l'échec de gérer ces aspects de la nature humaine sont tout à fait tangibles.

Beaucoup de travail a été accompli sur les aspects patients et gentils de notre nature. Néanmoins, c'est illusoire de penser que nous pouvons agir dans la Forêt enchantée sans rencontrer l'Homme vert ou la Femme verte. Nous devons comprendre leur férocité naturelle et avoir une bonne relation avec eux afin d'arriver à les canaliser pour notre défense et à les intégrer à notre univers intérieur avec amour et confiance.

Accepte-toi toi-même Il y a encore du travail pour gérer cet aspect de l'initiation. L'*Homme sauvage et l'enfant* de Robert Bly a indiqué le chemin de l'avenir à beaucoup d'« âmes perdues » de la société moderne, et bien d'autres hommes, inspirés par lui, se sont efforcés d'instaurer une nouvelle image de la virilité. Ce travail n'est cependant pas achevé.

Beaucoup se servent des lames du Tarot seulement pour la divination. C'est dommage, car l'utilisation du *Tarot de la Forêt enchantée* comme outil de méditation offre une excellente guérison et fait appel à des strates inexploitées de sagesse. La compréhension et le respect doivent remplacer la peur et le dogme. Juste comme l'amour et la justice sont des éléments du cycle, la pitié et la terreur jouent un rôle dans l'expérience de la vie. Gérer les aspects sombres « hivernaux » de la vie est un défi naturel pour les habitants de la Forêt enchantée. Être capable de regarder les ombres de la forêt sans porter de jugement et apercevoir les pièges et les dangers qu'elles cachent est le signe du chasseur émotionnellement stable et spirituellement évolué. Comme le dit le vieil aphorisme : « Connais-toi toi-même ». Nous ajouterons : « Accepte-toi toi-même ».

Ne sais-tu pas que chaque oiseau qui fend les airs
Est un immense monde de délice, forclos par les cinq sens ?

WILLIAM BLAKE

Poser des questions

L'interrogation du Tarot comporte trois éléments :

- La formulation de la question.
- L'étalement impartial des lames.
- L'interprétation de l'étalement.

La disposition des lames du Tarot pour obtenir un résultat pertinent comporte un élément considérable de synchronicité. Le premier pas est la formulation de la question initiale. C'est la partie la plus négligée de tout système divinatoire. Nous avons d'habitude une bonne idée de la réponse que nous aimerions obtenir et nous avons édifié un cadre pour accepter ou écarter une lecture, cependant poser la question focalise le mental. La réponse souhaitée ou même la vraie question peuvent être enfouies si profondément dans le subconscient que nous avons besoin de l'aide du Tarot pour voir notre propre vérité inconnaissable.

QU'EST-CE QU'UNE VÉRITÉ INCONNAISSABLE ? Parfois, nous ne voyons pas ce qui est évident aux yeux de tous les autres. Ce peut être le désir ardent insatisfait et improbable d'être un grand pianiste ou le simple fardeau de solitude ou de perte qui a érigé des barrières entre nous et le reste du monde. Le sujet peut très bien être conscient de tels problèmes, sans pour autant pouvoir les gérer ou choisir une action, car ils sont trop personnels. C'est plus facile de les enfouir et de les oublier.

Il nous faut donc une tierce partie, un outil de réflexion impartial qui puisse nous orienter vers des indices et des voies pratiques à travers la forêt. Le Tarot est justement un tel outil, impartial, inébranlable et imperturbable. La synchronicité assurera toujours sa pertinence. Même si nous n'obtenons pas la réponse désirée, une certaine vérité précédemment passée inaperçue ou désagréable à entendre sera là. Dans tous les cas, elle nous incite à réagir à la question sur un plan instinctif.

L'interprétation de ces réponses est la clé du travail avec le Tarot. Nous devons tenir compte de la présence de la facette de notre nature appelée le Vagabond, l'Archer ou le Gardien, qui s'occupe des questions difficiles ou sensibles. Nous pouvons avoir besoin de son énergie ou de son intuition, de sa façon d'être sur la défensive ou de son courage. Nous avons peut-être oublié comment être sages ou fous, astucieux ou vulnérables, stoïques ou patients. Nous avons peut-être oublié comment demander, comment imaginer ou comment pleurer. Le motif apparemment aléatoire des lames d'un étalement nous pousse souvent à regarder de plus près ces éléments.

TROUVER LA SPIRITUALITÉ Dans son livre révolutionnaire, Robert Bly s'était servi d'un conte populaire ancien pour rendre clair que la société moderne avait divorcé du « rite de passage ».

Dans un certain sens, tous les habitants du monde occidental technocratique ont divorcé des « rites de passage ». Indifféremment du nombre de lave-vaisselle, vidéos ou paires de chaussures, les gens se sentent toujours insatisfaits. Combien de fois avez-vous entendu dire : « La vie doit être davantage que cela » ?

C'est bon de poser cette question tout à fait fondamentale, car *il y a* davantage que cela à la vie. Certains groupes païens nous ont accusés de défendre des types de pratique spirituelle ou ésotérique plus superficielle. Pourtant, la vérité est simple : peu importe à quel point les gens cherchent une plus grande signification, conscience ou réalisation spirituelles, l'important est qu'ils le fassent. Laissez la nature vous guider sur votre propre voie. Comme une personne sage nous l'a dit il y a des années, en parlant des systèmes ou des pratiques ésotériques : « Si cela marche, utilisez-le ! »

INTERROGER LE TAROT Pour commencer, les personnes en quête de réponses doivent poser leur question du Graal. Dans les légendes arthuriennes, les chevaliers de la Table ronde tentent de trouver le Saint Graal. Selon certains textes, Peredur ou Percival trouve le Saint Graal et se fait le médiateur entre l'au-delà et le monde physique. Selon d'autres, c'est Galahad qui meurt apparemment après avoir regardé dans le Saint Graal. Au centre du mythos se trouve la question : « À qui sert le Saint Graal ? », se rapportant aux questions essentielles de l'existence humaine : « Qui suis-je ? », « Que signifie ma vie ? », « Quelle est la nature de la réalité ? »

Lorsqu'on pose une question au Tarot, il est essentiel de la formuler de manière à ce que le système puisse offrir une réflexion pratique. Il ne convient pas de demander si vous devez acheter une maison et où trouver l'argent ; vous devez demander quel aspect doit être présent dans votre maison pour faire venir l'harmonie et la sécurité dans votre vie.

On dit souvent que les couples se disputent sur des broutilles, alors que la vraie question est souvent plus basique : « M'aimes-tu encore ? » ou « Vois-tu quelqu'un d'autre ? » En posant des questions au *Tarot de la Forêt enchantée*, allez au cœur des choses et demandez avec simplicité et pertinence.

Ce processus exigera un peu de temps pour être appris. En tant que tel, c'est un élément du voyage de découverte autour de la Roue de l'année. Si elle est maîtrisée avec honnêteté, cette quête sincère de réponses à des questions plus essentielles, parfois émotionnellement difficiles, offrira des conseils sages.

Le destin et le Tarot

Le Tarot ne peut pas prédire l'avenir, hologramme fragmenté de possibilités et de probabilités que nous décidons d'accepter ou de changer à chaque instant de notre vie consciente et parfois inconsciente. En dernière analyse, nous sommes maîtres de notre destin et le Tarot nous montre quelques-uns de ses strates, ainsi que la manière de gérer au mieux un problème, d'éviter un mauvais mouvement, de bâtir un nouveau mode de vie ou de trouver un partenaire.

Poser une question cristallise les fils inconscients de tout sujet, mettant de plus en mouvement toute une nouvelle série de possibilités et de probabilités, car la réponse est déjà en vous. Vous savez ce que vous *pourriez* faire. Vous savez ce que vous *devriez* faire, mais seule la voix intérieure sait ce que vous *ferez*. Le Tarot fera entendre cette voix, vous seul la ferez agir.

La mécanique quantique a préconisé l'existence de phénomènes sur le plan atomique et galactique mais, comme la vie, elle a prouvé aussi que plus nous pensons savoir, plus nous réalisons que nous ne savons pas grand-chose. La physique des particules postule que la tentative même d'observer ou de mesurer une particule change celle-ci, change son état oscillant entre matière solide et forme d'onde. On suggère même que certaines particules dépassent la vitesse de la lumière et peuvent se déplacer dans le temps.

Quelle chance a une simple doctrine ésotérique lorsque la science est entrée dans le domaine d'inconnaissable et pour s'expliquer doit inventer ses propres créatures mythiques comme le chat de Schrödinger ? La physique a proposé plus d'équations enchevêtrées et insolubles sur la nature de la réalité, du temps et de l'espace que nous sommes actuellement capables de gérer. Comme le dit Deepak Chopra : « Non seulement la mécanique quantique est plus forte que nous le pensons, elle est plus étrange que nous *pouvons* le penser ! »

Au moment où nous posons une question, toute une gamme de possibilités apparaît et notre moi se prépare en douceur à réagir à toute réponse obtenue. Nous truquons généralement les dés en notre faveur.

Ayant étudié bien des systèmes de Tarot au fil des années, je suis persuadé que l'une des meilleures façons de maîtriser rapidement une situation est de se concentrer sur le problème en établissant une relation émotionnelle avec lui, puis de couper le jeu afin de découvrir la lame qui se montre. Parfois, la synchronicité fait ressortir une lame très pertinente, qui vous aide à voir plus clairement les éléments, parfois une « lame bizarre » provoque un changement de direction et approche le dilemme d'une manière nouvelle. L'instinct, la synchronicité et la volonté fonctionnent, mais en dernière analyse, le fait de poser la question est aussi important que la question même. Le processus d'apprentissage et d'interrogation est permanent. La question du Graal est différente pour chaque personne. La méditation sur les archétypes laisse souvent le demandeur avec plus de questions fondamentales sur la nature de l'expérience humaine que celles qu'il avait déjà ! Et c'est ainsi que cela doit être.

Les considérations théoriques de la cause et de l'effet semblent souvent pâles et poussiéreuses en comparaison des résultats de la chance.

CARL JUNG

La Roue de l'année

La Roue de l'année sous-tend le *Tarot de la Forêt enchantée,* reflétant la succession naturelle des saisons, le déplacement et la migration des animaux, les effets physiques que les éléments et les conditions environnementales ont sur la vie pratique et spirituelle des hommes des époques préchrétiennes, et qui peuvent encore nous charger en pouvoir.

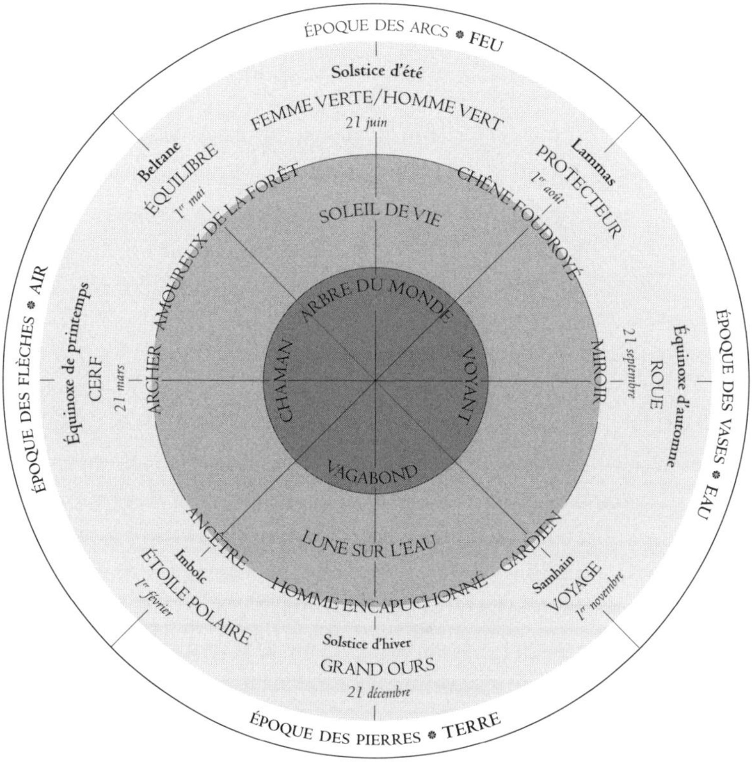

L'ARCANE MAJEUR SUR LA ROUE DE L'ANNÉE

CŒUR DE LA FORÊT — PLAN HUMAIN INTÉRIEUR — PLAN CONSCIENT EXTÉRIEUR

Nous suggérons au lecteur de consacrer quelques heures à se familiariser avec les archétypes présents pour chaque équinoxe et jour de passage entre les saisons, et à prendre le chemin indiqué par le diagramme et le texte qui suit, tout cela comme une sorte d'exercice de méditation. Souvent, les aperçus les plus clairs arrivent en suivant ainsi le cycle naturel de la Roue. Les habitants archétypaux de la forêt font leur travail, chacun offrant au voyageur son essence particulière. Ce n'est pas là forcément le modèle « habituel » du Tarot, mais il vous permettra de découvrir des correspondances inédites.

Le Vagabond n'est peut-être pas un significateur approprié pour tous, mais en entamant votre premier voyage dans la Forêt enchantée, il est préférable de faire appel à cet archétype déjà accordé à l'ensemble de la philosophie du système. Pour la plupart des gens, il sera un hôte naturel durant le cycle.

Le diagramme ci-contre représente **la Roue** sous forme de trois cercles, chacun symbolisant divers plans de conscience et portails vers les mondes intérieurs. Le plus intérieur est habité par le Vagabond, le Chaman, le Voyant et l'Arbre du monde, les gardiens du cœur de la forêt. Autour d'eux tourne le Soleil de vie, lié au solstice d'été, et la Lune sur l'eau, liée au solstice d'hiver. Sur les deux cercles externes de la Roue, aux points de passage entre les saisons et aux équinoxes, se trouvent les archétypes de l'Arcane majeur, représentant un plan intérieur Terre/humain et un plan extérieur conscience universelle/conscience collective.

ÉPOQUE DES FLÈCHES Nous commençons le voyage autour de la Roue à Imbolc, le 1er février, au moment de la nouvelle lune. C'est une époque de nouveaux commencements après un hiver difficile. Les jours deviennent plus longs et les premiers signes du retour du printemps se montrent. Les bulbes germent après leur « sommeil » durant les mois gelés, la glace se met à fondre. Il est donc approprié que le premier archétype rencontré dans la Forêt enchantée soit **l'Ancêtre**. Incarnant la voix primale de l'esprit des animaux totems, l'Ancêtre est en même temps un gardien et un guide, qui accueille le voyageur avec chaleur et sagesse, aidant celui qui approche avec respect et sincérité à trouver sa voie dans l'enchevêtrement de la forêt. Nous sommes à l'époque des Flèches, allant d'Imbolc à Beltane.

À ce même point, sur le plan conscient, **l'Étoile polaire** est constante dans le ciel, rappelant au voyageur son véritable objectif et la direction de son cœur et fournissant un point fixe par rapport auquel s'orienter. Elle agit aussi comme un poteau indicateur discret, symbole du lien intrinsèque du voyageur avec le mental universel.

En approchant de l'équinoxe de printemps du 21 mars, nous rencontrons **l'Archer**. C'est une époque d'air, de lumière de l'aube et de montée de la sève. La nouvelle vie émerge avec une énergie sans bornes depuis l'état presque amorphe du Vagabond jusqu'à la naissance de l'intellect dans l'Archer.

Nous devons appréhender ici le processus impliqué dans l'évolution de la volonté et des techniques exigées pour focaliser nos désirs et nos visées. C'est le moment de laisser le courant créatif de la Roue de l'année nous traverser et libérer nos « flèches de désir » avec justesse et intégrité.

Sur le plan conscient, **le Cerf** nous rappelle la responsabilité impliquée dans nos actions. L'action juste et la récompense appropriée sont inhéremment liées et aucun concept mal contrôlé ou mal conçu ne doit être lancé sans que l'Archer soit conscient des conséquences.

Époque des arcs Nous passons à Beltane, le 1er mai. De nombreuses traditions ont survécu à cette époque de l'année, dont des rites de fertilité liés à Lady Marian et à Robin des Bois. C'est également une époque d'accouplement pour les animaux de la forêt, afin que leurs jeunes naissent en été et deviennent assez forts pour survivre à l'automne. Nous passons là de l'époque des Flèches à l'époque des Arcs.

Nous rencontrons maintenant **les Amoureux de la forêt**. C'est la véritable union de deux énergies en vue de créer une troisième – pas juste le simple acte de création d'une nouvelle vie dans l'espèce humaine, mais l'amalgame plus subtil des énergies conscientes des amoureux engendrant une tierce entité qui devient leur relation. C'est un acte par lequel des êtres entiers s'unissent pour former une troisième force. Une véritable union polaire n'est pas interdépendante, mais une entité en fusion permanente, dans laquelle se joignent délibérément deux énergies polaires. Nous rencontrons donc sur le plan externe l'**Équilibre**, symbole de forces entrelacées et pourtant indépendantes. Les harmoniques subtils de la nature sont délicatement équilibrés et avant d'arriver à la stabilité dans la vie, tant sur le plan personnel que sur le plan relationnel, l'équilibre est extrêmement important. Il n'est pas figé, mais un échange fluide de force de vie. Le changement est un élément naturel du vrai équilibre.

De là, nous passons au solstice d'été du 21 juin et au cœur de l'époque des Arcs dans l'élément feu. Nous rencontrons ici, resplendissants et tout-puissants, **l'Homme vert** et **la Femme verte,** dieu et déesse de la forêt. À ce point, ils se tiennent ensemble, représentant les plans intérieur et extérieur. Le Soleil de vie est à son apogée dans le ciel et ses rayons animent le monde. L'Homme vert et la Femme verte représentent l'espèce humaine à l'apogée de son pouvoir et de sa stabilité dans cette célébration de la nature. Le sol est riche et fertile et la joie du monde est généreuse et omniprésente. Les cultures poussent et il y a abondance de nourriture pour les créatures de la forêt.

ÉPOQUE DES VASES Nous passons à Lammas le 1er août, la récolte et la pleine lune. Le blé mûr permet de cuire les premiers pains, le chêne a poussé et beaucoup de créatures des bois mettent bas. C'est le moment des orages d'été et des éclairs. C'est aussi le moment de se préparer, de passer de l'époque des Arcs à l'époque des Vases. De par la confusion entourant les rites de Lammas et le sacrifice humain visant à assurer le retour abondant des récoltes, les images simples liées à ce processus naturel de réalignement ont été gravement endommagées. Le symbolisme lié à la perte, à l'effondrement de l'ordre et à la destruction du pouvoir a été attribué à ce concept en raison des croyances liées à la triple mort, à la vengeance des dieux des éclairs et à une mythologie plus récente se rapportant à la fierté et au mauvais usage du pouvoir.

Le processus rencontré dans la Forêt enchantée est le commencement d'un retrait naturel de l'énergie et du début de l'initiation par l'endurance. La différence est très subtile sur bien des plans et des éléments imprévus ou des changements radicaux font toujours partie de ce concept. La préparation et la maturité sont les principaux éléments de ces archétypes, qui ne doivent pas être confondus avec les attributs négatifs liés au sacrifice. À cette fin, nous avons amalgamé des éléments du Pendu et de la Tour dans une seule lame : le Chêne foudroyé.

Le Chêne foudroyé se rapporte aux orages d'été qui peuvent lancer des éclairs ébranlant la sécurité d'un mode de vie bien ordonné mais aride. Les attaches qui nous maintiennent dans cette position sont elles aussi détruites dans le processus, nous libérant de la branche qui nous a servi de demeure temporaire. Pour nous sentir de nouveau pleins de vie, nous devons annihiler les anciennes attaches et purifier notre âme, afin que la conscience soit affûtée et prête à évoluer au-delà des limitations de la vision humaine. Juste comme nous sommes confortablement engourdis dans la richesse du pouvoir, le cycle nous rappelle, parfois d'une manière forte et impressionnante, que nous sommes en voyage et que toutes les choses doivent évoluer ou périr. Au cours de ce processus de perte, des blessures, soit de l'ego, soit de l'esprit, risquent d'intervenir, mais elles sont absolument nécessaires pour acquérir la sagesse.

Donc, à une époque de grand confort physique et de fécondité, nous devons être conscients de l'arrivée de l'automne et être prêts à l'accueillir, ainsi que ses défis imprévus. À cette fin, à l'arrière-plan de ce processus d'acquisition de la sagesse par l'endurance, il y a **le Protecteur**. Cette lame représente la force et la résistance discrètes de la nature, l'imperturbabilité profondément enracinée du chêne et le silence inlassable de la montagne. Le Protecteur incarne la force, la capacité de maîtriser l'imprévu et l'imprévisible et de canaliser l'éclair lui-même. Il est ancré dans la maturité, la sagesse et l'endurance gagnées à travers la contemplation silencieuse et la compréhension intemporelle.

En avançant vers l'équinoxe d'automne du 21 septembre, l'époque des Vases et de l'élément eau, nous commençons à apercevoir le coucher du soleil et la progression immuable du cycle de régénération vers l'époque des Pierres. C'est une période de réflexion intérieure et le séjour dans la demeure ancestrale de votre âme. Après le choc du Chêne foudroyé, il faut un moment de contemplation et de repos pour guérir et apprendre. C'est bon que la déesse sombre révèle notre reflet afin de nous montrer notre véritable situation dans **le Miroir**.

Ce voyage est souvent effectué dans un état d'incertitude émotionnelle, car vous abandonnez les sentiments de colère ou de frustration. Votre être intérieur conscient cherche à communier avec les mystères fondamentaux de l'existence humaine plutôt qu'analyser chaque facette de votre nature. C'est un processus d'approche d'un état émotionnel, méditatif, plutôt que de prise de décision de se retirer dans la contemplation. Si la blessure reçue en tombant du Chêne foudroyé est grave, le choc de la perte de pouvoir peut rendre l'esprit incapable de résister au besoin de s'endormir profondément et de se rendre dans l'île sacrée pour être guéri. Il faut avoir confiance et abandonner sa volonté : le moment est venu d'endosser l'habit du sort et d'accepter ce que la Roue nous réserve.

À cette époque de l'année, le saumon remonte les cours d'eau vers son lieu de naissance pour frayer, puis mourir. C'est le moment de remercier pour la richesse et la fertilité des mois d'été et la nourriture stockée pour l'hiver. C'est le moment de regarder le métier du destin et le tissage de votre propre fil dans son manteau. C'est ce que Bly appelle l'« époque de la blessure ». Le sommeil pareil à une transe de notre séjour nous apporte sagesse et guérison.

Époque des pierres Le 1er novembre, nous arrivons à Samhain et à l'époque de la Terre silencieuse. C'est le moment de gérer les éléments plus sombres de notre nature, de reconnaître et d'accepter les qualités et les forces que ces archétypes offrent. C'est l'époque de Halloween, du Jour des morts, des feux de joie, de la lune décroissante, ainsi que le moment d'honorer la mort et de s'y préparer.

Le personnage très calomnié du **Gardien** (le Diable des jeux traditionnels) nous accueille avec des énigmes obscures, des défis et un humour sardonique. Certains lecteurs trouveront déplacé le concept d'humour dans cet archétype craint et diabolisé, mais il s'agit de l'une des nombreuses facettes du Gardien. Éviter l'essence vive comme l'argent et changeante que représente le Gardien serait négliger le savoir et la sagesse qu'il offre. Le concept de créatures cornues néfastes hantant la nuit pour s'emparer de notre âme, produit d'une peur hystérique, du préjugé et de l'ignorance pure et simple est complètement déplacé ici. Comme Pan, le Gardien représente la sauvagerie de notre nature. Comme le vent d'automne dépouille les branches de leurs feuilles, le Gardien nous dépouille de nos perceptions confortables de nous-mêmes.

Le Gardien agit également comme un protecteur et un champion de la nature. Il a préparé la voie pour notre rencontre avec **le Voyage**. À la fin, toutes les créatures arrivent à ce point, retournant dans le ventre de la Terre obscure et à la connaissance qui les y attend. Toutes les choses doivent passer et renaître à travers le cycle des saisons. C'est la voie de la nature. Juste comme nous devons entretenir et nourrir notre côté plus lumineux, nous avons besoin de nos ombres. La vérité ultime est la mort même, le grand bond dans les ténèbres que tous les êtres humains affrontent, qu'ils soient riches ou pauvres, stupides ou sages.

Avoir affaire à ces archétypes nous prépare à l'époque du repos et du renouvellement qui vient lorsque nous entrons en hiver et approchons de l'époque du soleil noir.

Attendons paisiblement le solstice d'hiver du 21 décembre. Acceptons l'époque de **l'Homme encapuchonné** et retirons-nous dans le silence curatif de la forêt avec la joie sereine et la lumière intérieure de la sagesse. C'est le moment d'être patient, de résister, d'écouter le silence et d'attendre le nouveau soleil. Ici, le battement du cœur du monde semble ralentir, l'eau se transforme en pierre et le temps même ne compte plus. Mais même quand nous nous reposons, la vie continue. Le houx résiste et certaines créatures de la forêt survivent dans le plus difficile des climats, rappelant que la nature fournit partout subsistance et espoir.

Le jugement, sous la forme du **Grand ours**, nous attend également là – pas la représentation étroite des lois subjectives du genre humain quant à ce qui est bien ou mal, mais le jugement du cycle de vie. Nous récoltons ce que nous avons semé. Chaque personne fait face seule à cet ultime jugement, tant sur le plan psychologique qu'en tant que membre d'une espèce.

Maintenant, nous revenons au sanctuaire le plus intérieur de la Roue de l'année. Dans le quadrant de la terre on trouve **la Lune sur l'eau**, se rapportant à la nature réflective, intuitive, cachée, de l'initiation et de l'illumination, les marécages primordiaux du potentiel latent et la source de la régénération. La nouvelle lune est également associée aux aspects émotionnels et sexuels de notre psyché. Ses cycles se rapportent au principe féminin, pas seulement en raison du cycle menstruel, mais aussi à cause des effets que la lune a sur les marées et la mer, associés une fois de plus aux sphères intuitive et émotionnelle.

Dans le quadrant du feu, nous trouvons **le Soleil de vie**, lié aux principes de fécondité et de pouvoir régénérant. La plupart des traditions ésotériques entourent des déités telles que Belenos et Apollon – comme pour les gardiens ou les chevaliers sacrés, l'ensemble repose sur les aspects solaires du solstice de l'été et la défense de la souveraineté. Le principe masculin tend donc à incarner cet aspect du soleil, même si certains aspects du féminin survivent encore dans la Femme verte et Rhiannon, la déesse cheval solaire des Celtes. Le soleil se rapporte également au moi supérieur ou divin et à la capacité éclairée du Chaman à utiliser l'énergie de cette source primordiale pour la guérison et la croissance de l'humanité.

Nous arrivons maintenant au Chaman et au Voyant. Comme avec le Soleil de vie et la Lune sur l'eau, les énergies polaires de ces deux archétypes offrent une gamme subtilement différente de facettes à partir desquelles apprendre et qu'il faut accepter en nous. **Le Chaman**, dans le quadrant de l'air, est associé à la première lueur de l'aube spirituelle ressentie dans le cœur. Il travaille avec la magie et le mystère de la vie, ayant pour outils les flèches de l'intellect et du désir. Il comprend la justice dans le cycle naturel et se fait son intermédiaire. Expert à l'arc et au bâton, il tient ces deux savoir-faire pour sacrés et en même temps pratiques. Il possède la ruse du Renard, la ténacité de l'Hermine, la vitesse du Lièvre et, comme la Vipère, a un lien intrinsèque avec le système nerveux magique de la Terre.

Le Voyant vit dans le domaine viscéral de l'émotion et de l'intuition. Il attend le crépuscule et est l'intermédiaire du chemin argenté brillant de la Lune sur l'eau. Il est l'ombre arrivant avec les intuitions miroitantes. Il offre la coupe de l'apprentissage et de l'oubli et vous accueille dans les ténèbres veloutées qui montent. Le Voyant est patient, passionné et sage. Il attend que la Roue de l'année tourne et l'arrivée inévitable de la nuit fasse émerger à la surface de la conscience des rêves et des désirs cachés. Il comprend d'instinct les mécanismes du sort et la texture subtile du mental universel. Le Voyant possède la capacité de l'Anguille de voir la source de l'inconnu, la sagesse du Saumon, la patience du Héron et la faculté de la Loutre de se déplacer à volonté entre les mondes.

Une relation intelligible et étroite avec le Chaman et le Voyant ouvre la dernière porte, qui conduit à travers le labyrinthe à **l'Arbre du monde** jusqu'à l'âme de la Terre. En pénétrant dans le cœur de l'Arbre, nous sommes connectés simultanément au mental universel intérieur et à la portée extérieure des mystères cosmiques. Une fois que votre divinité intérieure sacrée est complète et agit, vous verrez que l'univers se plie éternellement sur lui-même, tant intérieurement qu'extérieurement, toujours en train de rouler et de tourner au-delà de la simple compréhension humaine. Vous verrez la nature divine de toute vie et le caractère sacré de la création universelle, et comprendrez votre connexion unique avec celle-ci.

Vous êtes revenu à votre point de départ et avez achevé le cycle de la Roue au cœur de la Forêt enchantée.

DEUXIÈME PARTIE

LE SENTIER TRAVERSANT LA FORÊT

Les lames et leurs significations

Je suis arrivé...
Aux profondeurs insondables
Forêt où tous doivent perdre
Leur chemin, qu'il soit droit
Ou sinueux : tôt ou tard...

EDWARD THOMAS : Lights Out

0 Le Vagabond

0 LE VAGABOND

Position sur la Roue

Le Vagabond se tient au cœur du cycle humain, dans le cercle le plus intérieur de la Roue, en suspens entre le commencement et la fin, attendant d'être guidé de l'autre côté de l'abîme de la prise de conscience dans le domaine de la connaissance archétypale.

DESCRIPTION En équilibre sur le bord d'un escarpement de calcaire blanc, le Vagabond se prépare à passer de l'autre côté de l'abîme et à entrer dans la Forêt enchantée. Devant lui se dessine un léger arc-en-ciel qu'il doit emprunter. Ce saut par-dessus le vide est entrepris les bras ouverts et une grande confiance : les ailes de l'imagination et de l'honnêteté porteront le personnage jusqu'à l'herbe luxuriante d'un nouveau chemin.

Vêtu d'écorce, de mousse verte délicate et de feuillage symbolisant l'essence protectrice et curative de la nature, le Vagabond n'est ni homme ni femme, les deux genres se combinant dans son corps androgyne. Ses pieds nus effleurent l'herbe du bord de l'escarpement. De l'autre côté de l'abîme, les arbres à l'ombre immense attendent pour accueillir ce nouvel arrivant dans la Forêt enchantée. Un visage est à peine visible parmi les frondaisons enchevêtrées – c'est peut-être l'esprit du bois.

SIGNIFICATION En ce moment, les fardeaux du passé sont laissés de côté – soit pour que le Vagabond les reprenne et les emporte avec lui, soit pour qu'il les abandonne derrière lui s'ils sont trop pesants. La Roue de l'année entame son grand cycle, apportant toute une nouvelle gamme de possibilités et de défis. Le Vagabond est prêt à sauter dans l'inconnu – il ne lui faut que la foi.

Le Vagabond représente la sagesse ou le courage de lâcher prise, de faire un pas dans le vide de ce qui est possible. Quelque chose en vous a peut-être déjà amorcé ce saut inconscient, instinctif, à travers l'abîme ; vous savez que le moment d'avancer est venu. Parfois, la peur de la perte ou de l'échec vous fera douter de la validité du changement. Vous voudrez attendre ou hésiterez au moment critique, car la sécurité est confortable, néanmoins, mais la vitesse de la Grande roue a propulsé déjà le véritable cœur du Vagabond dans l'avenir, l'incitant à sauter à travers le vide avec courage et joie. Maintenant, le personnage doit laisser tomber les fardeaux portés pendant si longtemps et se fier aux ailes de l'imagination.

Le Vagabond est en même temps une fin et un commencement. Un voyage est déjà revenu à son point de départ et, à mesure que vous distillez votre expérience de vie dans la mémoire sacrée et laissez de côté le passé et ses fardeaux, l'avenir attend patiemment que vous fassiez le premier pas.

Rappelez-vous que votre sagesse, votre force, vos expériences et vos savoir-faire personnels ne vous aideront pas maintenant. L'esprit honnête de la curiosité humaine vous conduit au-delà de vous-même, dans une nouvelle vie. Cette énergie inconsciente crée un pont arc-en-ciel qui monte et soutient vos pas. Il vous fera passer au-dessus du vide lorsque vous avancez, confiant et plein d'énergie, dans l'inconnu.

Points essentiels de la lecture Vous êtes arrivé à un moment décisif de votre vie. Ce peut être l'impression que la chance a tourné ou que quelque chose va prendre place. D'une certaine manière, c'est déjà arrivé. Votre esprit doit avancer et le désir de sauter dans l'inconnu vous attire. Cela signifie abandonner les fardeaux anciens. Le moment est venu d'être clair et de ne pas laisser la peur de l'échec ou la déception envers à l'univers vous empêcher d'avancer. Laissez-vous porter par votre imagination dans une nouvelle série de possibilités. Avancez avec espoir et faites bon accueil aux aspects inédits et excitants de l'univers.

Racines et branches

• Foi aveugle • Tableau blanc • Enfant intérieur • Saut dans l'inconnu • Suivre votre cœur • Quête de la connaissance ou de la vérité • Pulsion primale • Vision de l'illumination qui vous fait avancer

I Le Chaman

I LE CHAMAN

Position sur la Roue

Le Chaman est placé sur le moyeu de la Roue, à l'opposé du Voyant. Il se trouve dans le quadrant représentant l'air et symbolise des aspects de la magie, de la protection et de l'intuition.

DESCRIPTION Le Chaman vous fixe depuis la lame de ses yeux clairs, son regard intense évoquant quelque chose d'ancien et de profond. Il est enveloppé d'une peau d'ours ornée de dessins paléolithiques d'esprits animaux, pareils à ceux découverts dans la grotte des Trois Frères, dans l'Ariège. Un des dessins montre une forme humaine arborant une peau de bison et jouant d'un arc, en train de danser, un autre, une créature à tête de hibou et bois de cerf.

Sur le sol, devant lui, sont posés des objets représentant les quatre éléments : une crécelle faite d'un crâne de chevreuil (air), un couteau de pierre (terre), un fagot dégageant de la fumée (feu) et une coupe faite d'un bois de cerf évidé (eau). Il se tient à l'opposé du Voyant sur le moyeu de la Roue et est l'intermédiaire de l'élément air, représentant les énergies et les plans de conscience qui défient la rationalisation humaine et sont donc tenus pour magiques.

SIGNIFICATION Pour les auteurs de ces dessins anciens, l'univers était un lieu où les éléments et les savoir-faire humains étaient étroitement entrelacés avec les qualités et les prouesses des créatures sauvages. Le bien-être spirituel humain était dépendant de l'échange empathique et du respect de la mémoire ancestrale sacrée de toute vie. La médiation des gardiens totémiques et des déités était l'une des principales fonctions spirituelles du chaman.

Cette lame ouvre les portes, éclairant le labyrinthe de l'univers intérieur et l'autre monde du mental universel. La qualité unique du Chaman est sa capacité d'entrer en contact avec tous les plans de vie douée de sensibilité de la Terre et de communiquer avec eux. La sagesse et la joie suggérées par le chant obsédant des baleines le font frémir, sa peau picote d'excitation en entendant le hurlement des loups. Son âme résonne avec l'appel inaudible des montagnes et sourit avec joie pure au bruit d'une cascade.

Le Chaman pratique sa magie avec intention. Il étudie les habitudes des créatures sauvages, il comprend les modifications climatiques qui apportent de bonnes ou de mauvaises récoltes. Il connaît les plantes curatives et les champignons vénéneux, il peut traverser les ténèbres en observant la danse rituelle des êtres magiques qui peuplent le ciel nocturne. Il remercie les arbres qui fournissent chaleur et lumière en hiver et rassemble les jeunes autour du feu pour les enchanter et les éduquer en leur contant des récits de grande aventure et courage.

Grâce au travail intérieur et à la méditation, le Chaman vous donne une idée de votre véritable place dans le monde et vous aidera à la comprendre, rendant possible l'application pratique et la manifestation de la sagesse et de la volonté dans votre monde physique. Cela exige consécration, patience et engagement – c'est la nature de la vraie magie.

POINTS ESSENTIELS DE LA LECTURE Vous entendrez le son d'un tambour ou le chant du vent, la lumière dansera sur l'eau ou un renard aboiera à minuit. Quoi que ce soit qui éveille votre désir de revenir à la nature, votre Chaman intérieur est prêt pour l'initiation aux mystères. Celle-ci se manifestera sous la forme d'une envie d'étudier une science ou une philosophie ésotérique et d'appliquer ce que vous avez appris. Un voyage s'avère parfois nécessaire pour acquérir confiance et expérience. Si vous voulez ouvrir un nouveau chapitre spirituel, vous êtes maintenant dans la position émotionnelle et intellectuelle de susciter un véritable changement dans votre vie pour le plus grand bien de tous. Ce processus de focalisation, de médiation et d'application de la sagesse de l'autre monde à la réalité quotidienne est le véritable travail du Chaman.

Racines et branches

• *Homme sauvage des bois* • *Merlin comme maître et disciple* • *Mémoire ancestrale des animaux sauvages* • *Déplacement entre les mondes* • *Rituels et fonctions de l'homme-médecine*

2 *Le Voyant*

2 LE VOYANT

Position sur la Roue

Le Voyant est au centre de la Roue dans le quadrant de l'eau et des émotions, se rapportant aux mystères de la Lune et de la Terre. Il a pour partenaire le Chaman et est un guide vers l'Arbre du monde.

DESCRIPTION Le Voyant est enveloppé dans le manteau de sagesse du hibou, décoré d'animaux de pouvoir et d'esprits chamaniques. Il se tient devant l'Arbre du monde, tirant de la sagesse de ses racines descendant profondément dans le sol. Il est entouré des symboles des quatre éléments dont il est l'intermédiaire : la coupe, le bâton, la tête de flèche et la pierre. De l'extrémité de son bâton pend un petit sac en cuir renfermant un jeu de runes. Son visage est caché dans la pénombre. Sa voix est grave et il parle par énigmes, mais si vous écoutez, il vous dirigera vers de nouveaux commencements plus sages.

SIGNIFICATION Placé au cœur de la Roue et de la Forêt enchantée, dans le quadrant de l'eau, le Voyant représente l'intuition naissant du calme et de l'intériorisation du séjour auprès de l'Homme encapuchonné. Présent au cœur d'un univers intérieur personnel, il peut procurer la connaissance et l'aide nécessaires à l'extériorisation de cette énergie dans le monde matériel sous forme de pouvoir, de sagesse ou de fins créatives.

Intermédiaire oraculaire du principe intuitif et imaginatif féminin, la médiation du Voyant repose sur l'énergie ancrée et le savoir-faire. Tout cela est symbolisé par son manteau emplumé, qui représente l'envol de la pensée et de l'intellect, mûri et stabilisé grâce à son pouvoir profondément enraciné dans la mémoire de la Terre.

Le Voyant se tient au centre de la Roue et du monde intérieur de l'individu, devant le Chaman. En plus de guider l'âme, il est un catalyseur de la manifestation du travail créatif et artistique. Les idées passent par le domaine irréel des rêves et des états de transe, mais le Voyant est le médiateur intérieur archétypal qui les transforme en œuvres littéraires, en chants et en danses. Il inspire le lien émotionnel avec un livre ou un morceau de musique, fait monter les larmes aux yeux à la fin d'un film touchant ou fait rire à une histoire drôle.

Grâce à sa capacité inhérente à équilibrer l'émotion, l'intellect et la volonté, il nous incite à changer notre monde matériel et se fait le meilleur médiateur de toutes les forces élémentales présentes dans la Forêt enchantée. Le Voyant encourage l'exercice positif de la volonté, manifesté à travers l'émotion et l'engagement et incarné par un effet matériel. Il représente l'une des formes plus pures et les plus bénéfiques de magie terrestre.

Points essentiels de la lecture Le moment est venu de focaliser votre pouvoir et le laisser vous traverser. Beaucoup de rêves ou de désirs liés au processus émotionnel créatif sont prêts à être appliqués dans la vie quotidienne et vous devez donner maintenant libre cours aux envies cachées ou refoulées. Cela peut aussi se rapporter à la guérison, aux relations sexuelles ou aux partenariats. La manifestation des intuitions spirituelles ou ésotériques dans la vie pratique et matérielle de tous les jours apportera des récompenses et des résultats notables. C'est un signe de maturité. Le Voyant se rapporte aussi aux impulsions créatives comme les beaux-arts, les savoir-faire et les arts mécaniques, ainsi qu'à la joie d'offrir du plaisir et du savoir à autrui.

Racines et branches

• *Inspiration et sagesse* • *Prophétie oraculaire* • *Vision intérieure* • *Vol chamanique* • *Guérison de l'âme* • *Empathie avec la nature*

3 La Femme verte

3 LA FEMME VERTE

Position sur la Roue

La Femme verte se tient au solstice d'été, le 21 juin. Son élément est le feu. Associée au midi, elle est la manifestation terrestre de l'énergie solaire féminine.

DESCRIPTION La Femme verte, produisant généreusement la nature, couronnée de fougères et de roses sauvages, exhale la parole de vie divine. Son expression calme et sereine suggère une souveraineté gracieuse. Autour de son cou, un torque celte en or représente le soleil tout au long de l'année. La coupe d'ambre jaune or posée devant elle est remplie du lait de l'amour. La *sheela-na-gig* qui l'orne représente la force de vie de toutes les femmes. La Femme verte symbolise la forêt au milieu de l'été. Ici, dans le feuillage luxuriant, demeurent les petits animaux et oiseaux de la Forêt enchantée. Il y a tout un écosystème dans les branches et un refuge sûr pour les innocents et les vulnérables sous ses racines.

SIGNIFICATION La Femme verte incarne l'archétype féminin de la nature et de l'énergie verte. Sa présence équilibre celle de l'homme sauvage et représente la manifestation terrestre de l'énergie solaire féminine et la plénitude de la Grande Mère. Elle personnifie aussi la déesse de la Terre, manifestée parfois en tant que souveraineté, qui met à l'épreuve tous les nouveaux arrivants et offre à ceux qui réussissent ses tests des présents de royauté intérieure et d'amour et un lien très profond avec les richesses de la Terre. La lumière éclatante du soleil du solstice d'été se déverse d'elle, animant tout ce qu'elle touche et conférant une énergie illimitée.

Ce personnage est complexe et subtil, mais extrêmement dynamique dans son interaction avec quiconque cherche à comprendre la nature de la Forêt enchantée.

Elle sert de médiateur à la bénédiction sacrée de la fécondité terrestre et aux animaux qui l'habitent, et établit un lien profond avec la personne qui cherche à s'accorder au rythme de la Roue de l'année.

Dans la tradition arthurienne, la Femme verte confirme la royauté d'Arthur en lui confiant l'épée sacrée et en le désignant comme gardien des objets sacrés de Grande-Bretagne. Elle apparaît parfois sous les traits de la Dame du Lac, qui éduque tant Arthur que le jeune Lancelot. Dans d'autres récits, elle se manifeste en tant que Blanchefleur, courtisée par plusieurs des chevaliers d'Arthur et offrant les attaches intimes du mariage et de la joie à ceux avec lesquels elle partage sa générosité. Son rôle sacré est celui d'initiatrice dans le domaine de la Forêt enchantée.

Points essentiels de la lecture Se montrant à une époque d'éducation et de protection, d'apprentissage et d'initiation, lorsqu'abondent les relations affectueuses et fertiles, tant humaines qu'universelles, la Femme verte est l'intermédiaire de la souveraineté sacrée de l'âme de la Terre et montre le chemin de la compréhension et de la communion avec la nature. Cette bénédiction est néanmoins accompagnée de responsabilité. Rappelez-vous que cet esprit magnifique, magnanime et généreux vit à travers vous, engendré par le souffle sacré de vie et offert à ceux ayant besoin de direction et de guérison. Apprenez ce qu'enseigne l'esprit joyeux et abondant de la Terre et identifiez-vous au monde et à votre véritable moi.

Racines et branches

• *Mère universelle* • *Guenièvre* • *Isis* • *Matrice de la nature* • *Blanchefleur* • *Lady Marian* • *Maîtresse des animaux* • *Femme sauvage*

4 L'Homme vert

4 L'HOMME VERT

Position sur la Roue

L'Homme vert se tient avec la Femme verte au solstice d'été.
C'est l'époque de la plus grande chaleur,
quand le soleil est à son apogée dans le ciel.
L'élément associé à cette époque est le feu.

DESCRIPTION Sur cette lame, l'Homme vert arbore un regard ardent et provocant. Les rayons dorés du soleil estival descendent des feuilles recouvrant abondamment son visage éclatant et passent à travers le cœur de la terre sacrée. Devant lui il y a le chaudron de la nature épanouie, capable de se régénérer, conservant et emmagasinant en même temps l'énergie vitale de la création et de la stabilité. Le chaudron représente le trône de la royauté, actuellement vide. L'Homme vert le protège avec la lance du pouvoir et la corne d'abondance, la gardant pour le roi qui y montera et se posera en défenseur de la terre.

SIGNIFICATION L'Homme vert est un symbole de l'essence épanouie de l'aspect masculin de la nature. L'une des plus anciennes images de la connexion entre le genre humain et la nature, son visage orne les pierres des temples et des églises depuis des siècles. Depuis les hauteurs glacées et obscures des cathédrales chrétiennes il abaisse son regard sur les gens loin en dessous, souvent d'un air sardonique. Revenant constamment sous des déguisements à peine voilés en tant que Chevalier vert, Bonhomme vert et Robin des Bois, son visage entouré de feuillage regarde depuis le cœur fertile, sombre et riche de la forêt et vous enjoint de respecter le monde naturel et d'apprécier ses joies. Son aspect peut être effroyable et effrayant, car il protège les bêtes sauvages de la forêt. Celles-ci connaissent bien sa voix et sa présence, car il est autant l'une d'entre elles qu'il est l'esprit conscient de la terre. L'interaction entre nature et bête est permanente et engagée.

Il surveille attentivement le chaudron de l'épanouissement. On voit la jubilation joyeuse de la création et de la fécondité chez le géant de Cerne Abbas, fier de sa virilité et de son pouvoir protecteur. L'Homme vert est effectivement un géant, dont le pouvoir montre sa maturité et la décision, sa patience.

L'Homme vert est sans faillir vigilant et inébranlable en gardant la terre sacrée. Mieux vaut écouter son avertissement et respecter les lois de la nature et les animaux de la forêt, car il punira sévèrement ceux qui abusent de sa générosité. Néanmoins, il a grand cœur et son esprit est chaleureux et rempli de joie primordiale. Son visage se montre à ceux capables de voir à travers le feuillage enchevêtré qui enveloppe la Terre. Sa générosité est immense, affectueuse et baignée des rayons dorés du soleil fécond d'été.

Points essentiels de la lecture L'Homme vert est généreux avec son énergie créative et fertile et il vous conduira sur un nouveau plan de dynamisme assuré. C'est une époque pour donner et recevoir le courant naturel de la vie, tant intérieurement qu'extérieurement. Soyez préparé à trouver un élan nouveau et épanoui pour entamer des projets, des relations et même des manières inédites de vivre votre vie et de satisfaire votre monde. Le moment est venu de sentir que vous êtes à l'apogée du cycle de la vie. Profitez-en !

Racines et branches

• *Grand Père* • *Patriarche de la nature* • *Le roi et la terre ne font qu'un* • *Homme sombre du chêne sacré* • *Cœur de Pendragon* • *Dagda*

5 L'Ancêtre

5 L'ANCÊTRE

Position sur la Roue

Placé au point de passage entre l'hiver qui s'achève et le printemps qui arrive, l'Ancêtre se tient à Imbolc, le 1er février. Il est associé à la nouvelle lune et aux éléments air et terre.

DESCRIPTION Le personnage cornu de l'Ancêtre est vêtu de peaux de renne et de feuilles toujours vertes. Il se tient à l'entrée de la Forêt enchantée, encadré par des bouleaux argentés d'une blancheur d'os. Ces arbres poussaient à l'époque glaciaire et sont parmi les premiers à se régénérer au printemps. Les rennes erraient jadis sur les vastes étendues boisées, remplacées maintenant par nos chênaies, empruntant toujours les mêmes sentiers. Les chasseurs de l'époque glaciaire suivaient leurs traces année après année à la poursuite de leur principale source de nourriture, qui marquait le temps par sa migration régulière et prévisible. Lorsque les rennes avaient remonté vers le nord avec la fonte des glaces, le cerf blanc, aperçu dans la forêt, les avait remplacés.

Les traces de l'Ancêtre conduisaient aussi dans la Forêt enchantée. Le matin est clair et givré, les premières lueurs de l'aube apparaissent sur l'horizon où la nouvelle lune est accompagnée de l'étoile du matin, symboles d'une nouvelle journée et d'une âme éveillée une fois de plus.

SIGNIFICATION L'Ancêtre vous accueille lorsque vous suivez le chemin conduisant dans la forêt. Créature mythique mi-animale, mi-humain, il tient le bâton de sagesse et le tambour appelant tous ceux capables de l'entendre à se réunir et à regarder se lever le soleil. L'Ancêtre est béni par la terre et par le savoir divin se déversant des étoiles.

Le portail formé par les bouleaux argentés encadrant le chemin marque le début d'un nouvel engagement et le point à partir duquel le retour devient impossible. Les arbres vous rappellent de suivre le chemin et de réaliser que vous entreprenez un voyage qui a un début et une fin. Le chemin est marqué de traces vous incitant à avancer. La nouvelle lune représente tant une fin qu'un commencement, car Vénus, l'étoile brillante du matin, amorce la nouvelle aube de l'espoir.

L'Ancêtre est lié à la partie la plus ancienne de notre âme, la plus étroitement apparentée aux archétypes représentant la nature. Il est le gardien du cœur sacré de la terre et vous appelle en battant le tambour au rythme des pulsations de celle-ci. Il est la partie de vous qui entend instinctivement le tambour et ressent le premier désir d'emprunter le chemin. Il est la force impérieuse et la patience de la nature, la poursuite impressionnante et incessante du cycle faisant venir le printemps et la chaleur, mettant fin à l'hibernation et éveillant la richesse de la vie.

L'Ancêtre se tient devant le portail de la nature s'enfonçant dans la forêt. C'est un autre commencement. Une fois que vous avez passé le portail, vous devez vous efforcer de rester sur le chemin et de poursuivre le voyage jusqu'à sa fin.

Points essentiels de la lecture Vous avez entamé un nouveau cycle. Votre instinct a considéré nécessaire de vous conduire au portail et à un nouveau chemin. Au début, vous étiez peut-être hésitant ou inquiet, mais un changement s'est produit, que vous le réalisiez ou non. Vous craigniez les habitants inconnus de la forêt, mais votre Ancêtre intérieur vous guide et vous rassure à mesure que vous réapprenez vos leçons et accueillez de nouvelles expériences sur le chemin. Fiez-vous à votre voix intérieure. Écoutez votre nature instinctive et curieuse. Votre Ancêtre intérieur est fort, patient et sage. Laissez-le vous conduire dans la forêt avec un regard nouveau et un cœur joyeux.

Racines et branches

• *Mémoire ancienne* • *Guide sur la voie*

• *Esprit de la nature dans le subconscient humain* • *Appel de la nature*

6 *Les Amoureux de la forêt*

6 LES AMOUREUX DE LA FORÊT

Position sur la Roue

Les Amoureux de la forêt sont placés à Beltane, 1er mai, la fête des rites de printemps et le portail vers l'été. Dans cette position, ils équilibrent les suites d'Arcs et de Flèches et les éléments feu et air, et représentent l'échange délibéré d'énergie qui engendre la conscience féconde.

DESCRIPTION Un homme et une femme se tiennent côte à côte, vêtus du vert et du brun de la Forêt enchantée. Ce sont Robin des Bois et Lady Marian, les Amoureux de la forêt, réincarnés maintes fois sous toutes sortes de noms. Entre eux se trouve un poteau enrubanné de mai, généré par leur échange d'énergie et symbolisé ici par un bouleau. Des guirlandes vertes montent autour de lui en spirale vers le ciel, représentant les énergies ascendantes de la Terre qui rencontrent les énergies descendantes du ciel. Les Amoureux de la forêt créent une étincelle de vie qui génère une troisième force ou énergie. Les pieds-de-veau sont en fleur au moment de Beltane. Ils symbolisent l'union masculine et féminine à cette époque de l'année, ainsi que les énergies génératrices conférant plénitude et harmonie à ce moment du cycle de l'année.

SIGNIFICATION Les Amoureux de la forêt représentent en même temps l'équilibre dans les relations et l'union sexuelle. Nous sommes tous des fragments holographiques de l'univers, renfermant en nous à un quelconque degré l'ensemble de la création et des archétypes de l'Arcane majeur. À mesure que nous pénétrons dans la grande forêt de la vie, nous cherchons la richesse et l'harmonie émotionnelles sur le plan le plus profond. À partir de là, l'amour fleurit, nous enlaçant encore plus étroitement dans une existence où les différences disparaissent et les scories de la cupidité et de la possessivité sont brûlées dans les feux de la vie.

Le véritable amour vient de l'union de deux énergies polaires pour créer une troisième force ou conscience. C'est un échange d'énergie et de passion, pas la domination de l'une ou de l'autre mais un transfert délibéré de volonté et de respect. Pour être complets, nous devons apprendre à accepter et à montrer de l'amitié à tous les aspects de notre personnalité, masculin et féminin, clair et obscur, processus qui permet une circulation naturelle en nous du cycle des saisons. Si nous n'accueillons pas tous les archétypes, ils se sentent reniés et mal à l'aise, comme des fantômes frappant à la fenêtre, cherchant à se faire connaître.

À mesure de notre progression, nous trouvons l'équilibre de notre personnalité à travers nos relations. Certains hommes créatifs et sensibles sont équilibrés par une « chasseresse » forte. Certaines femmes attentives et artistes sont équilibrées par un aspect masculin très motivé. Le genre physique peut varier, mais la polarité fonctionnera ou échouera.

Pour aimer réellement, nous devons être complets, accepter tous les aspects de notre personnalité et accepter cette même complétude chez autrui. La polarité varie d'un jour à un autre, d'un moment à un autre, mais l'individu réellement complet possède tous les éléments fragmentés de sa personnalité et est capable de les affronter chez les autres. La joie de l'union est entière et facile. L'amour est sa propre récompense.

Points essentiels de la lecture Sur un plan personnel, l'amour est un don universel au cœur généreux, et la personne en quête trouvera l'équilibre grâce à l'harmonie et à la guérison intérieures. La polarité est l'élément clé du flux et du reflux naturels de l'engagement émotionnel. Les Amoureux de la forêt représentent la force spirituelle positive de l'énergie émotionnelle créative et du désir universel d'harmonie. Les habitants de la Forêt verdoyante révèrent et respectent les rites de l'amour en tant que force assurant le déroulement du cycle de la création et la stabilité émotionnelle. Amenez toujours avec vous la lumière de l'amour et laissez-la éclairer les recoins les plus sombres de votre monde et vous soutenir dans toutes vos actions.

Racines et branches

• *Union bénie* • *Amitié* • *Rites du printemps* • *Équilibre polaire des âmes* • *Désir* • *Cerf blanc arthurien* • *Amour éternel* • *Vœu sacré*

7 *L'Archer*

7 L'ARCHER

Position sur la Roue

L'Archer se tient à l'équinoxe de printemps, le 21 mars, la place du lever du soleil, de l'élément air, de l'énergie créative et de l'inspiration. Il y a ici l'aube de la nouvelle vie et l'arrivée d'une saison fertile et satisfaisante.

DESCRIPTION L'Archer bande son grand arc sur le point de décocher une flèche. L'arc est pareil à l'arc néolithique découvert dans la tourbière de Meare Heath (Grande-Bretagne), les empennages des flèches sont en plumes prises sur l'aile droite d'une oie, leurs têtes, en silex. Le regard de l'Archer est concentré et calme lorsqu'il fixe le ciel au-delà de la flèche, maintenant la tension entre l'arc et la corde avec intention maîtrisée et détendue. Il arbore une amulette simple et semble serein et confiant, tout en étant attentif. À son côté attendent deux grands chiens de chasse, messagers de son pouvoir.

SIGNIFICATION On ne doit pas sous-estimer l'importance de l'arc pour nos ancêtres, outil de survie et en même temps de défense. C'est peut-être pour cette raison qu'il a acquis par ailleurs un statut de symbole spirituel et que le tir d'une flèche est parfois à lui seul une pratique rituelle. Pour beaucoup, l'arc est un puissant lien avec le passé. La patience exigée pour le maîtriser connecte l'Archer à l'expérience ancienne de la vie et de la mort.

Les Celtes gravaient des charmes sur leurs flèches. Les flèches « curatives » des Sioux, ornées de dessins géométriques, avaient une signification rituelle spéciale. Dès l'aube des temps, l'utilisation de l'arc a tenu un rôle dans la maîtrise et la transmission de la volonté.

Façonner l'arc confère au bois le potentiel de libérer de l'énergie, bander l'arc contrôle cette énergie, décocher la flèche avec intention lance la volonté de l'archer à travers les airs jusqu'à sa cible.

Tout comme les charmes et les malédictions étaient lancés à travers les airs par les chasseurs et les chamans, nous devons nous accorder à ce processus ancien et devenir des archers avec le carquois rempli d'idées et de désirs, capables de formuler notre objectif et de nous focaliser dessus en étendant régulièrement le flux de notre volonté, puis libérer notre énergie créative et intellectuelle de manière contrôlée et efficace.

Pour atteindre la cible, la flèche doit être tirée dans un état calme et détendu, physiquement et mentalement. Comme les chasseurs, il nous faut de la patience et de la ruse, en plus d'une bonne connaissance de la Forêt enchantée, pour nous approcher discrètement de la cible. Puis, en visant calmement et délibérément, la flèche est décochée, emportant quelque chose de notre volonté et de notre esprit dans son envol vers son objectif.

Points essentiels de la lecture L'aube d'une nouvelle aventure, prise dans la toile du potentiel universel, attend que vous bandiez l'arc de votre imagination et décochiez les flèches de la créativité. C'est le moment d'être direct et de s'engager à chasser la nouvelle vie et une meilleure relation avec le monde, ainsi que la satisfaction de cette ambition globale. Prenez un instant pour rassembler vos outils et apaiser votre mental. Réfléchissez soigneusement à ce que vous désirez accomplir, aux raisons de ce choix et aux manières d'y parvenir. Maîtrisez ensuite votre potentiel en remplissant votre carquois de tous les talents, connaissances et ruses que vous possédez et bandez l'« arc d'or ardent » avec les « flèches du désir ». Prenez une respiration profonde et restez calme. Le moment est venu de laisser s'envoler votre âme.

Racines et branches

• *Flèche enflammée de l'intellect* • *Artémis* • *Esprit de l'Homme encapuchonné* • *Orion* • *Intuition, inspiration et imagination* • *Transmission d'une grande sagesse*

8 *Le Cerf*

8 LE CERF

Position sur la Roue

Le Cerf partage l'équinoxe de printemps, 21 mars, avec l'Archer.
Il est associé au lever du soleil et à l'élément air.
C'est la position de la tradition universelle,
où l'énergie de la vie créative anime l'âme.

DESCRIPTION Le Cerf, roi et gardien de la forêt, mi-humain et mi-animal, verdoyant de feuillage, vous fixe d'un regard calme et sûr. Il tient une hache au manche poli et un bouclier. Ses cornes s'élèvent vers le ciel et se reflètent dans les branches de l'arbre, devant lequel il se tient comme un rappel de notre connexion cosmique à l'univers et de sa manifestation dans toute la vie organique de la planète. La tête de la hache est une manifestation de la volonté humaine de changer l'environnement – pas toujours en mieux, si bien qu'il est nécessaire de bien peser l'action et la responsabilité. Le bouclier, qui porte l'image du Grand chêne symbolique, rappelle que nous devons préserver et protéger nos ressources naturelles.

SIGNIFICATION Les concepts de pardon et de récompense ne sont pas appropriés ici. Ce sont des idées humaines qui n'ont pas de réalité dans la nature. On récolte ce qu'on a semé. Tout comme l'action juste et généreuse apporte satisfaction et paix, la cupidité et le désir de vengeance entraînent solitude amère et déception. L'équilibre sera maintenu dans l'écosystème de la planète. La justice qu'il dispense durera longtemps, en même temps miséricordieuse et irrévocable dans ses conclusions.

Nous sommes des hôtes sur la Terre, pas ses maîtres. Et, comme des enfants mal élevés à un festin gracieusement offert par un hôte généreux et indulgent, nous nous sommes mal comportés et sommes en danger de gâcher la réunion pour tous les présents. Notre cupidité manquant d'égards et notre égoïsme ont gravement perturbé l'écosystème. L'équilibre délicat et la connexion interdépendante entre la nature et les hommes sont essentiels ; si cet équilibre est perturbé par une action inappropriée, une réaction naturelle interviendra et il devra être rétabli une fois de plus.

Sur un plan individuel, cela implique une culpabilité obsédante à propos d'une mauvaise action ou un sentiment subconscient d'amertume suscité par une situation injuste. C'est la roue karmique de justice guidant nos concepts basiques de bien et de mal et la conviction inéluctable que la justice doit toujours prévaloir.

Sur un plan global, cela peut signifier que le traitement irrespectueux de la forêt pluviale affectera un jour gravement le climat et que les mers polluées donneront naissance à des poissons toxiques. Un jour, dans un avenir pas tellement lointain, notre hôtesse, la Terre, n'aura pas d'autre alternative que de nous faire savoir que nous ne sommes plus les bienvenus à la fête.

Individuellement et collectivement, nous sommes responsables de nos actions et devons être conscients de leurs conséquences.

Points essentiels de la lecture Sur un plan personnel, un certain réajustement ou une interaction a pris place. Ici, le mot-clé est « responsabilité ». En tant qu'individus, nous devons observer en permanence les règles de la société, qui varient à mesure de la modification des connaissances et des opinions de la civilisation. Que ce soit sur le plan politique ou moral, nous savons subconsciemment quand un réalignement de nos perceptions est nécessaire. C'est l'époque pour accueillir la justice arrivée avec le printemps et le feu de la création. Affrontez la nouvelle saison avec honnêteté et intégrité et fiez-vous à l'action juste et appropriée.

Racines et branches

• *Souveraineté de la terre* • *Équilibre universel* • *La terre et le roi ne font qu'un* • *Intervention divine* • *Tradition universelle* • *Jugement*

9 L'Homme encapuchonné

9 L'HOMME ENCAPUCHONNÉ

Position sur la Roue

L'Homme encapuchonné se tient au solstice d'hiver, le 21 décembre. Associé à la terre et au soleil noir, c'est une époque de solitude et de contemplation. Il est le portail de la mort et de la renaissance, le ventre de la Terre.

DESCRIPTION Un personnage solitaire, au visage couvert du capuchon de son manteau, se tient devant un vieux chêne. C'est le milieu de l'hiver. Une neige épaisse recouvre le sol et les branches de l'arbre. Vêtu d'un manteau de houx et de baies, L'Homme encapuchonné tient un bâton solide dans une main et une lanterne éclairant sa voie dans l'autre. Une porte usée et recouverte de mousse s'ouvre dans le tronc du grand arbre. À travers son bois craquelé, une lumière chaude s'échappe dans l'obscurité du soir. L'intérieur du grand arbre semble accueillant, offrant un refuge contre l'air glacial. Le dessus de la porte est orné d'une couronne de houx et de feuillage vert. Sur une pierre froide émergeant de la terre gelée, un roitelet observe et attend.

SIGNIFICATION Après les épreuves et les tribulations affrontées sur la Roue de l'année, un espace de calme et de contemplation s'avère nécessaire. Pour le guerrier ou le chercheur spirituel en quête de savoir ésotérique, la matrice complexe de symbolisme et d'intuition risque de désorienter l'intellect et de troubler la réalité. L'Homme encapuchonné (appelé aussi l'Hermite, l'archétype plus notable du hors-la-loi de la forêt de Sherwood) offre un éclairage indéfectible dans le monde hivernal et un bâton solide sur lequel s'appuyer et rassembler ses ressources mentales. Sa lampe éclaire les recoins obscurs de peur et d'incompréhension et guide vers la porte conduisant au cœur du grand arbre. Il sait que la connaissance est lumière, acquise parfois uniquement par le sacrifice et le stoïcisme. De telles qualités permettent d'accéder au grand mystère des bois et montrent aux chercheurs comment trouver la sagesse qui les fera avancer à travers les étendues les plus sauvages de la forêt. Le grand arbre est l'un des plus puissants symboles de la forêt, renfermant dans son cœur ancien d'innombrables secrets et d'immenses trésors de sagesse.

L'Homme encapuchonné survit au froid de l'hiver grâce à sa sagesse et à sa volonté. Il ne fait qu'un avec la dureté du climat, parce qu'il puise dans la force du houx toujours vert que même l'hiver n'arrive pas à détruire et dans ses réserves de nourriture spirituelle. Il a assimilé les leçons et le savoir tirés de son voyage ; il attend de transmettre sa sagesse, son aisance et ses indications à ceux qui ont suivi le même chemin, maintenant fatigués et ayant besoin de réconfort.

Un roitelet, oiseau sacré des rois, révéré comme oracle et gardien de la sagesse secrète, est posé sur une petite pierre. Ancien oiseau totémique, il s'était élevé plus haut que toutes les créatures en montant sur le dos du grand aigle, gagnant ainsi le titre de Roi de tous les oiseaux. Il rappelle que la plus petite des créatures de la Terre est capable de s'élever jusqu'aux cimes les plus hautes et voir au-delà de l'horizon lointain.

Cette époque de renaissance intériorisée et mystique est en même temps extériorisée et universelle, dépassant les limites étroites de la civilisation humaine et de ses codes moraux.

Points essentiels de la lecture L'époque de l'Homme encapuchonné est là. Quel que soit son déguisement, guide intérieur, mentor ou simple état mental, vous comprendrez que le moment est venu de vous retirer et de vous reposer. Après un long voyage à travers la Forêt enchantée, vous avez à traiter beaucoup d'émotions et d'expériences. C'est le début de la compréhension – pas juste de vous-même, mais de l'univers. L'Homme encapuchonné apparaît différemment à chacun. À travers la méditation ou la solitude dans les montagnes, à travers la prière ou les vacances dans un lieu isolé, sa lumière éclairera la voie vers le cœur du cycle infini de l'existence.

Racines et branches

• *Chemin de solitude* • *Vérité finale* • *Voix calme de la sérénité*
• *Méditation et communion avec le moi* • *Lumière du savoir* • *Profondeur intérieure*

10 La Roue

10 LA ROUE

Position sur la Roue

La roue est placée à l'équinoxe d'automne, 21 septembre, avec l'élément eau et le coucher du soleil. Le soleil couchant annonce que les jours raccourcissent à mesure que l'hiver approche.

DESCRIPTION Un métier à tisser de l'âge du fer est accroché entre deux noisetiers au-dessus d'un plan d'eau stagnante. Une robe est en train d'être tissée, ornée d'images représentant les cycles du destin et de la nature. On y voit la roue de l'année ; des plumes du Faucon, du Roitelet, du Cygne et du Martin-pêcheur, créatures sacrées de la Forêt enchantée, ornent les manches. Au-dessus de la robe, le soleil et la lune sont ensemble dans le ciel. Trois hérons se tiennent sur le bord du plan d'eau, tels que les Parques, attendant que la robe soit achevée et que son propriétaire arrive. Le métier à tisser guette la main habile d'un tisserand invisible qui finira le motif de possibilités et de potentiel constituant le destin et la chance.

SIGNIFICATION La Roue représente traditionnellement les cycles de la loi éternelle et de l'évolution qui gouverne toutes les créatures vivantes. Le changement est inévitable et nécessaire pour que les cycles de la nature restent vivants et se régénèrent. Sur le plan humain, nous sommes les tisserands de notre propre destin. Consciemment ou non, nous établissons les modèles et les possibilités qui marquent notre chemin à travers la vie. Nous emmenons partout notre destin comme un manteau, portant avec nous l'ensemble du potentiel et des possibilités que l'univers offre. Bien que la nature apparemment chaotique de l'univers ait toujours le dernier mot, nous influençons notre vie et la vie du monde en prenant le contrôle de notre destinée. Beaucoup pensent que le sort est fixe, que toutes les choses sont prédéterminées quoi que nous fassions dans cette réalité humaine. Cependant, le tisserand du manteau peut affecter cette matrice toujours changeante de potentiel en en identifiant le motif et en prenant des décisions au bon moment. Nous nous emparons du réseau du sort et y tissons notre motif personnel.

Bien que le puzzle de probabilité et possibilité renferme l'univers dans un vague réseau d'événements prévisibles, rien n'est gravé dans la pierre. L'acte même de poser une question génère toute une nouvelle série de résultats possibles. Prudence toutefois ! Avec la faculté de tisser notre propre destin vient la responsabilité. Nos actions ne sont pas sans risque. Si les choses sont déséquilibrées par rapport à l'univers, la Roue entraînera un changement afin de rétablir l'harmonie naturelle du réseau du destin.

Points essentiels de la lecture La roue a tourné ; le changement est à portée de main. Dans la nature, il y a une époque et un moment. Les lois cycliques de la naissance, de la mort et de la renaissance tournent sans cesse et, sans le changement, toutes les choses stagnent. Ici, le problème est la manière dont vous gérez ce changement. Dans la trame enchevêtrée et serrée de la chance, vous avez le pouvoir de changer les choses. Vous pouvez changer votre vie par vos actions. Vous n'êtes pas un prisonnier du sort, mais une partie intégrante de celui-ci. Rappelez-vous, ce n'est pas une répétition en costumes ! La vie est ce qui vous arrive pendant que vous attendez qu'elle commence. Que le changement semble se produire pour le mieux ou pour le pire, accueillez-le, soyez en paix avec lui et prenez ce faisant le contrôle de vos actions. Toutes les choses doivent passer.

Racines et branches

• *Roue de la fortune* • *Réincarnation* • *Karma et les lois du cosmos* • *Cycle de vie* • *Arianrhod au rouet argenté* • *Tisserand du destin*

11 Le Protecteur

11 LE PROTECTEUR

Position sur la Roue

Le Protecteur est positionné à Lammas, 1er août, jour où l'été commence à se dissiper, entre les éléments feu et eau. Il est associé à la pleine lune, quand les Arcs deviennent des Vases.

DESCRIPTION Un chasseur arborant un masque de lion des montagnes tient une lance ensanglantée dans une main et la coupe du don, de la griserie et de la compassion dans l'autre. À la hampe de la lance pend la statuette en ivoire du personnage anthropomorphe le plus ancien découvert en Europe, censé remonter à 30 000 ans, un homme à tête de lion. Un lynx est couché à son côté et un aigle plane au-dessus de son épaule droite. À l'arrière-plan, Silbury Hill symbolise la récolte ramassée au lever du soleil à Lammas. Le soleil estival se lève derrière le Protecteur, ses rayons dorant le monde.

SIGNIFICATION L'image classique de force du Tarot est une belle femme mûre contrôlant un lion. L'équilibre inhérent à cette image montre la beauté sereine de la patience et de l'amour neutralisant la colère et la haine déchaînées. Le Protecteur, ancien gardien de la Forêt enchantée, symbolise le pouvoir intérieur émergeant lorsqu'on affronte la peur et on comprend la nature de l'obscurité. La force intérieure qui vient de cette prise de conscience confère à l'individu le langage corporel émotionnel et l'humilité affirmant : « Je ne suis pas une victime. Traitez-moi avec respect. Ne prenez pas ma passivité pour de la faiblesse. »

Dans *Le Tarot de la Forêt enchantée*, le Protecteur est un chasseur traquant les solutions aux crises. Il agit comme un barrage émotionnel lorsque le sort, ou l'énergie destructrice, nous confronte à un désastre apparemment irrationnel ou déchaîné.

Quand l'individu s'éloigne d'un lieu où il a l'impression d'être en sécurité, il est débarrassé du fardeau émotionnel qui le garde dans les limbes. Durant ce dépouillement du pouvoir illusoire, les individus trouvent en eux leur véritable force intérieure. Une personne qui a tiré les leçons du voyage autour de la Roue de l'année acquiert une sagesse vitale quant à la nature de la patience et de la décision.

Toutefois, à elle seule, aucune de ces qualités ne peut conférer au quêteur spirituel le courage de s'enfoncer une fois de plus dans la forêt. Une certaine férocité est nécessaire. Le chasseur doit être aussi fort ou rusé que la créature qu'il traque et aussi engagé à son but que la lionne qui protège et nourrit ses petits. Ce n'est pas l'agressivité gratuite, irrationnelle, mais le stoïcisme modéré d'une passion froide et déterminée. La force du Protecteur est en même temps un équilibre et une dichotomie entre l'énergie du chasseur ou du gardien et l'inspiration ancrée présente dans l'extase du tambour et de la danse de guerre. Ces énergies honorent les qualités fournissant protection et inspiration.

Points essentiels de la lecture Grâce à l'adversité ou au processus de rééquilibrage de la vie, nous trouvons en nous un courage dont la source est inconnue. Parfois, ce courage est de faire face à la vérité inévitable, à une personne ou à un problème qui ne sera réglé par aucun degré de confrontation physique ou de bravoure émotionnelle. La force du Protecteur, puisée dans le pouvoir inhérent qu'a la nature de se régénérer et de surmonter les épreuves, est nécessaire si nous voulons voir ce qui arrivera et attendons le passage des saisons. Parfois, face à une situation difficile, nous devons trouver notre propre barrage, le point à partir duquel nous ne reculerons plus ou avancerons avec une confiance tranquille. L'ethos de la Forêt enchantée a beaucoup à enseigner à l'humanité sur la force calme et déterminée.

Racines et branches

• Lughnasadh • Llew ou Lugh, gardien de la lance sacrée
• Durga • Compassion bénie • Noble instinct de protection • Miséricorde
• Maturité de la volonté et de la direction émotionnelle • Sekhmet • Freya

12 Le Miroir

12 LE MIROIR

Position sur la Roue

Le miroir est placé à l'équinoxe d'automne le 21 septembre, au portail vers le soleil couchant. Son élément est l'eau. La mer obscure de minuit s'étend devant l'âme qui doit entreprendre le voyage vers l'île mystérieuse pour être guérie.

DESCRIPTION Un personnage serpentin, ténébreux, se lève au-dessus de l'eau, tenant un miroir doré contre son sein. Sa queue sinueuse disparaît dans l'eau. Sa main gauche lève une balle de cristal, l'orbe de vision de la déesse sombre de la connaissance, personnage du passé le plus lointain de l'humanité. Un héron se tient immobile au bord de l'eau. Un petit bateau en bois, toujours à l'ancre, flotte sur le fleuve, portant un personnage éthéré, âme endormie attendant de voguer vers l'île.

SIGNIFICATION Dans de nombreuses traditions, l'initiateur de la connaissance cachée est un personnage féminin qui révèle aperçus et sagesse à ceux en quête spirituelle. Dans le cycle arthurien, ce personnage est Morgan, qui conduit Arthur sur l'île d'Avalon pour être guéri. La Dame du Lac, gardienne de l'épée Excalibur et arbitre des actions d'Arthur, est elle aussi un personnage de ce genre. Ces deux archétypes représentent le voyage inconscient de l'âme dans la conscience et la sagesse plus profondes. Nul acte de volonté ne peut inciter l'âme à entreprendre ce voyage, qui n'interviendra qu'après une longue quête. Une quelconque blessure est la condition préalable de cette expérience. C'est à travers la douleur et l'endurance que la sagesse arrive, point auquel l'individu peut traverser le lac jusqu'à l'île de guérison et de protection. C'est là un état naturel d'abandon permettant au moi de voyager à travers la mer des émotions jusqu'à l'autre monde.

Le personnage mystérieux tient le miroir favorisant nos réflexions intérieures et l'orbe de vision qui aide à éclairer les ténèbres de notre vie intérieure. Le héron est un gardien en même temps des mystères et de l'autre monde. Dans certaines légendes, trois grues ou trois hérons gardaient les portes de ce royaume magique et avertissaient du danger le visiteur non initié ou pas prêt. Le chaudron représente le vase de la connaissance cachée et de l'inspiration. La flamme éclatante de l'intuition et de la révélation qui en jaillit éclaire le paysage sombre. Dans le Tarot traditionnel, cette lame est le Pendu. Nous avons choisi d'amalgamer des aspects de celui-ci avec le Chêne foudroyé, tandis que le Miroir offre le même changement vertigineux d'un état d'existence à un autre. Comme le Pendu voit la vie d'un autre angle, ceux qui regardent dans le Miroir voient les choses reflétées telles qu'elles sont en réalité.

Points essentiels de la lecture La patience et la prudence sont les mots-clés, bien que la confiance tienne un grand rôle dans la traversée vers l'île où seront révélées les subtilités de notre fonctionnement inconscient. Ce processus diffère du voyage de l'Homme encapuchonné, qui prend une décision consciente de se retirer et de contempler l'univers. Ici, l'abandon de la volonté est requis. Les révélations peuvent émerger des rêves et des méditations mais, tant que vous n'avez pas entendu ce que votre âme a à dire et que votre esprit contusionné et blessé n'est guéri, le moment ne convient pas pour forcer l'allure ou poursuivre un plan ou un désir. Soyez patient. Laissez le voyage débuter et réveillez-vous rempli d'énergie, prêt à affronter le monde et les défis qu'il pose.

Racines et branches

• *Voyage intérieur* • *Psychisme* • *Dame du Lac*• *Morgan, guérisseuse et initiatrice d'Arthur* • *Roi pêcheur* • *Longue nuit sombre de l'âme* • *Déesse sombre de la connaissance* • *Sachet des secrets* • *Chaudron de Ceridwen* • *Selkies* • *Sirènes* • *Trois Muses/Parques* • *Déesses de l'énergie sexuelle et de la guérison*

13 *Le Voyage*

13 LE VOYAGE

Position sur la Roue

Le Voyage est placé à Samhain, le 1er novembre,
fête de tous les saints, Toussaint, Halloween.
Il est associé à la lune décroissante et aux éléments eau et terre.
C'est l'époque des morts.

DESCRIPTION Le crâne solitaire d'un renne gît dans la forêt, nettoyé de chair par une volée de corbeaux. Les restes en lambeaux de fourrure et de chair subsistant sur les os et les traces du sang de la vie nous rappellent que toute chair retourne à la terre d'où elle vient. Un grand corbeau est posé à côté, un morceau de chair dans son bec. Gardien et guide, son regard imperturbable voit tout et ne craint rien. Dans de nombreuses traditions, le corbeau est un gardien des esprits des morts. Les corbeaux de la tour de Londres gardaient jadis la tête de Bran le Béni, enterré sur le White Mount pour tenir à distance les ennemis de la Grande-Bretagne. Le corbeau garde aussi les âmes des guerriers tombés dans la bataille.

SIGNIFICATION Au fil du temps, beaucoup d'interprétations erronées de cette lame ont tenté d'éviter le sujet de l'essence et de l'inévitabilité de la mort. Sur un plan, la mort se traduit par une simple expression de changement. Toutefois, si profond, extrême et purifiant que ce changement puisse être, cette lecture n'englobe pas l'expérience essentielle et la signification de cette lame. Beaucoup de tabous et de peur entourent la mort, particulièrement en Occident, instillés principalement par les concepts chrétiens de damnation, de jugement et de repentir éternels. De faibles échos de la célébration d'une vie atteignant la fin de son voyage sont encore présents lors des veilles mortuaires, où les gens boivent et chantent pour honorer le trépas d'un ami ou d'un proche aimé.

Jadis, les morts n'étaient pas craints. Ils étaient les gardiens, les ancêtres sacrés et les détenteurs de la sagesse. Les chambres funéraires étaient bâties avec grande précision pour s'aligner avec le soleil levant et les clans étaient enterrés ensemble dans des lieux restés sacrés tels pendant des milliers d'années. La mort était une partie de la vie, une partie du cycle de la nature. Comme le soleil même, beaucoup de plantes et d'animaux « mouraient » en hiver et « renaissaient » au printemps. Le sentiment de perte était modéré par la joie de la libération et la promesse de la régénération. La mort nous rappelle la nature transitoire de la vie. Chaque moment est précieux et chaque chose vivante et sacrée.

Métaphore du changement cyclique, le Voyage est une expérience requise du passage autour de la Roue. Il peut signifier la mort des idées et des concepts anciens devenus obsolètes. Le moment est venu de dépouiller complètement les aspects essentiels de votre nature afin que les peurs et les névroses puissent être affrontées et éliminés. Ce peut être la « mise au repos » avec amour et joie d'une relation depuis longtemps terminée ou d'un vieux chagrin. Mais le Voyage n'a pas à être craint. Il est une partie inéluctable et naturelle de la vie, qui doit être célébrée et acceptée.

Points essentiels de la lecture Le moment est venu d'affronter l'inévitable, de laisser les os reposer et d'admettre les aspects les plus profonds de vos peurs et de vos désirs. Ne craignez pas le changement, car c'est aussi une époque de purification et de réalignement. Ce changement peut sembler extrême et destructeur, mais les récoltes anciennes doivent être enlevées pour que de nouvelles puissent pousser et les concepts statiques et stériles doivent disparaître. Une célébration du passé ou une acceptation du passage d'une partie de la vie peut être requise Laissez les fils anciens glisser de vos doigts avec des souvenirs joyeux et entrez dans cette époque de retrait et de renouvellement avec patience et calme.

Racines et branches

• *Saut dans l'inconnu* • *Funérailles de l'illusion* • *Wayland le forgeron* • *Danse de la mort* • *Mère obscure* • *Débarrasser le cadavre de sa chair* • *Purification par le feu*

14 *Équilibre*

14 ÉQUILIBRE

Position sur la Roue

La lame de l'Équilibre est placée à Beltane, le 1er mai.
Elle est associée à la demi-lune et à la tradition universelle.
À la porte de la vie, l'Équilibre est lié aux éléments air et feu.

DESCRIPTION Les énergies polarisées de la terre s'entre-tissent et s'entrelacent autour du bâton des cieux, générant la pulsation de la vie. Les serpents rouge et blanc s'enroulent autour d'un grand arbre – le cœur de la Forêt enchantée. Les énergies rouge et blanche représentent les couleurs de base d'un monde primordial : rouge pour le sang, le feu et le fer, blanc pour le lait, la cendre et l'os. Ces couleurs sont particulièrement significatives à Beltane, qui se trouve à la jonction entre air (blanc) et feu (rouge) sur la Roue. De leur interaction naissent les énergies créatives. Le symbole ancien du caducée se fait l'écho de la double hélice de l'ADN dont chaque brin renferme l'ensemble des informations. Le visage humain de la Forêt enchantée présente un aspect clair et un aspect obscur, visibles ici sur le masque gravé sur le tronc de l'arbre. Les deux sont des composantes naturelles et nécessaires de la condition humaine.

SIGNIFICATION L'équilibre entre l'humanité et la nature est vital. Les artères et le système nerveux de la Terre sont aussi sensibles et complexes que ceux de tout organisme vivant. Nous avons réussi à faire basculer cet équilibre délicat, le faisant passer des interactions subtiles à un environnement nuisible et pollué. Les peuples anciens avaient compris il y a longtemps leur dépendance de l'écosystème de la Terre. La société moderne s'est totalement détachée de cette réalité et pense que la planète est là seulement pour son usage cupide et égoïste. La régénération est tenue pour aller de soi, pourtant nous avons déversé des déchets toxiques dans les mers et sur la terre, si bien que les générations futures devront affronter la mort dans un avenir pas très éloigné. Nos mauvais traitements du monde naturel ont annihilé des espèces entières et fait un trou dans la couche d'ozone de l'atmosphère permettant la vie sur cette planète. C'est un crime au-delà de toute compréhension et le genre humain en payera le prix pendant très longtemps.

Traditionnellement, cette lame est la Tempérance. Elle représente un état de force intérieure et de tranquillité depuis lequel on peut assimiler et contempler la connaissance plus profonde du soi et de l'univers. C'est la clé du moi supérieur. Nous devons nous efforcer de trouver un équilibre tant sur le plan personnel que sur le plan de notre espèce.

Points essentiels de la lecture Vous devez être équilibré et patient. Le moment est approprié pour vous reposer et contempler toutes les facettes de votre existence. Pour continuer, vous devez être tranquille et calme. Trouver l'équilibre intérieur permettant de voir au-delà de l'état présent est un processus de confiance dans vos propres forces. Ces facettes de l'existence peuvent inclure les parties de votre psyché que vous préféreriez ne pas affronter, mais aucun degré de déni ne vous débarrassera du besoin de les absorber et de les réclamer. L'équilibre est absolument nécessaire pour libérer le moi des peurs et des doutes de soi qui le gardent spirituellement sourd, stupide et aveugle. Une fois l'état naturel d'équilibre atteint, le plateau qui vous donnera accès au moi supérieur vous accueillera.

Racines et branches

• *Caducée* • *Harmonie intérieure* • *Équilibre des pouvoirs* • *Fusion des idées* • *Amalgame du monde intérieur et de la conscience supérieure* • *Relation polarisée de la nature*

15 *Le Gardien*

15 LE GARDIEN

Position sur la Roue

Le Gardien se tient à Samhain, le 1er novembre, à la porte de la mort, entre les éléments eau et terre, associé à la lune décroissante.

DESCRIPTION Le squelette blanchi d'un grand ours des cavernes garde l'entrée d'une grotte, sentinelle dans la nuit. L'esprit gardien de la bête met au défi quiconque entrerait dans la grotte de la mémoire ancestrale sans comprendre la nature de ses propres ténèbres. Un chemin inconnu et inexploré part de l'ouverture de la grotte remplie de stalactites pointues et déchiquetées. Son extrémité se perd dans les ténèbres. Aucune lumière intérieure ne brûle pour montrer une voie. Avant d'emprunter ce chemin, vous devez affronter le Gardien et maîtriser vos propres peurs.

SIGNIFICATION Au fil des siècles, bon nombre de manipulations cyniques du concept de « diable », dans des buts politiques, religieux et doctrinaux, ont conduit à la diabolisation de cet esprit païen de la nature. Le principal rôle de tels archétypes est néanmoins celui de protection et d'initiation. Le Gardien est le lien humain avec la nature et la fécondité, se manifestant parfois sous forme de férocité, d'extase et de sexualité. Pourtant, la peur engendrée par le détournement de cet archétype nous accompagnera encore longtemps.

Le Gardien suscite des craintes irrationnelles montant de la boue du subconscient humain et remplissant de prémonitions l'âme timide. Il est riche en sensations inhumaines et invisibles, se nourrissant d'effroi et de panique avec une joie malfaisante. Cependant, dans cette énergie sardonique et chaotique sont enfouis la sagesse, le courage et la force. L'instinct de survie est gouverné par la réaction « se battre ou fuir », et pourtant nous avons appris à rationaliser nos peurs les plus obscures et à faire face aux changements inconnus grâce à la pénétration intellectuelle. À mesure que notre compréhension de l'inconnu a évolué, nous avons appris qu'aucune force diabolique ou surnaturelle de l'univers n'est aussi effrayante que l'imagination humaine.

Si le Gardien est terrifiant, c'est parce que nous sommes terrifiés par notre propre reflet, notre propre ombre obscure – c'est cet élément que nous devons maîtriser. Ce processus englobe l'élimination du conditionnement et la distillation de ce qui est essentiel en nous. Nous pouvons gagner beaucoup en affrontant nos peurs les plus profondément cachées et refoulées, qui émergent d'habitude de nos instincts et désirs les plus intenses. Une fois cette vérité assimilée et utilisée pour notre défense, nous pouvons regarder en face le lieu le plus obscur et le gardien le plus effrayant de la forêt.

Points essentiels de la lecture Une difficulté est apparue dans votre vie. La situation peut être très complexe, avoir même des implications considérables pour votre vie et la manière dont vous affrontez le monde. Elle peut se manifester sous la forme d'un réalignement intérieur profond ou d'une quelconque autre situation physiquement difficile. Que cette difficulté vienne du labyrinthe du mental humain ou d'une source extérieure, le problème qui se pose maintenant doit être vu pour ce qu'il est : une occasion. Si quelque chose a été caché ou refoulé, si une situation a été laissée pourrir ou si elle est devenue malsaine, le moment est venu de contrôler vos peurs et d'affronter l'insécurité avec courage et intégrité. Si menaçante ou difficile que soit cette situation, soyez toujours conscient que l'expérience de la compréhension et de l'acceptation de vos ténèbres intérieures vous rendra plus fort et plus résistant.

Racines et branches

• *Tricheur* • *Ange noir* • *Herne le chasseur* • *Homme sombre du chêne sacré* • *Seigneur de l'Autre monde* • *Oberon* • *Sentinelle du seuil* • *Pan*

16 *Le Chêne foudroyé*

16 LE CHÊNE FOUDROYÉ

Position sur la Roue

Le Chêne foudroyé est placé à Lammas, le 1er août, à côté du Protecteur sur le cercle intérieur de la Roue. Cette lame est associée à la pleine lune, aux éléments feu et eau et au concept de sacrifice.

DESCRIPTION Un personnage tombe de la branche brisée du chêne frappé par la foudre. Des flammes dansent autour de lui, mettant le feu à sa chevelure et brûlant les liens qui semblent l'avoir attaché à la branche. Pendant cette chute, la puissante énergie de l'éclair remplit les airs de rayons dansants de lumière et cherche à pénétrer dans la terre en traversant le personnage et en jaillissant de ses doigts étirés qui tentent apparemment de saisir le sol.

SIGNIFICATION Juste comme l'univers a le pouvoir de créer, il a aussi le pouvoir de détruire. Le pouvoir catabolique de la catastrophe et du désastre naturels est presque inimaginable. Avec un petit mouvement de côté de sa queue, l'ouragan renverse un pont, tout comme un frémissement de la croûte terrestre transforme des villes entières en gravats et fait ressentir un tremblement de terre dans le monde entier. Nous bâtissons des édifices de prouesse technique et de civilisation, indestructibles en théorie, les tenant pour inamovibles et éternels. Nous nous entourons des atours du pouvoir et du statut, mais en dernière analyse nous ne possédons rien ; nous empruntons seulement pour le temps que nous passons ici-bas. Tout ce que nous avons vraiment est ce que nous avons appris.

Cette image associe deux lames du Tarot traditionnel : le Pendu et la Tour. Ici, le grand chêne est brisé par la force de la tempête. Pour ceux qui ont grimpé dans l'arbre et se sont attachés à une branche, la chute risque d'être longue. Pareillement, l'arrogance et la prétention de la vie matérielle peuvent être déchirées par un seul acte de la nature ou du sort. Cependant, le feu qui foudroie la branche brûle aussi les liens qui nous ont maintenus dans une position de fausse sécurité. Comme le Pendu est pris dans un état de sacrifice divin et est lié à la triple mort, dans la lame du Chêne foudroyé c'est l'arbre même qui est ébranlé et blessé. De même, la Tour est brisée par la tempête. Se fier à l'illusion du pouvoir matériel ne peut finir que dans l'isolement spirituel, la stagnation et l'effondrement.

Même lorsque nous tombons, le pouvoir submergeant nos sens de douleur élimine et brûle également les illusions et les mensonges. Quand nos mains se tendent vers la Terre stable, le pouvoir s'ancre lui-même à travers nous. Nos sens sont animés de la chaleur de la vie. Nos émotions sont enflammées de passion. Peut-être avons-nous oublié l'intensité du désir, le besoin de continuer à nous battre pour comprendre. L'essence de la véritable force et de l'esprit tenace ne peut pas être acquise avec de l'or, un statut ou une théorie ésotérique grandiose. On ne la trouve que dans les cendres et les flammes de la lame « sauvage » de la nature.

Points essentiels de la lecture Ce qui paraît une dissipation ou une destruction aléatoire de vos croyances et de vos relations est opportun et naturel. La mer avale ce qui était bâti sur du sable mouvant et vous êtes libéré de l'état de victime impuissante. Maintenant, vous disposez d'une base à partir de laquelle votre force intérieure peut évoluer. Cela peut se produire avec une rapidité étonnante. Le traumatisme vous laissera abasourdi et désorienté, mais l'éclat ardent qui vous a fait tomber vous a aussi sorti d'un état de transe qui vous permettait d'éviter les problèmes fondamentaux. Ne soyez pas en colère ou amer face à ce passage, car ce qui a disparu ne vous a jamais vraiment appartenu. Soyez patient, attendez et tirez les leçons de la perte.

Racines et branches

• *Force primordiale* • *Destruction curative* • *Éclair sorti de nulle part* • *Éclair de l'illumination spirituelle* • *Rupture claire* • *Feu de la création* • *Moule brisé* • *Montée depuis les cendres de la destruction*

17 L'Étoile polaire

17 L'ÉTOILE POLAIRE

Position sur la Roue

L'Étoile polaire est placée à Imbolc, le 1er février.
Elle est associée à la nouvelle lune et à la tradition universelle et se tient entre les éléments terre et air.

DESCRIPTION La lumière blanche pure de l'Étoile polaire éclaire le vide sombre de l'univers et lance son rayonnement sur la Terre. Les étoiles représentent le pouvoir le plus lointain de la voûte céleste, l'interaction et la fusion des particules qui génèrent lumière et chaleur. Les étoiles montent au-dessus de la Terre, faisant signe à notre mental scrutateur d'aller au-delà de notre système solaire et d'appréhender l'immensité de l'espace. Les nuages tourbillonnants de poussière stellaire qui formaient le cœur des étoiles tournent dans une spirale avec le cycle de l'univers. La bénédiction de l'Étoile polaire rayonne vers la Terre à travers l'abysse et nous rappelle que la même matière de la création qui alimente et agrège ces magnifiques sentinelles du ciel nocturne brûle en nous. Les recherches modernes montrent que les étoiles se sont formées à l'origine en tant que sphères dans un cercle de matière – les symboles coupe-et-anneau gravés sur les pierres préhistoriques représentent les graines de la manifestation et la source même de la création. La bénédiction du monde stellaire baigne la Terre et l'esprit humain d'énergie curative et régénératrice.

SIGNIFICATION L'Étoile polaire symbolise la loi universelle, le savoir et le pouvoir spirituels supérieurs. Le premier souffle de la création avait engendré les étoiles et les avait placées comme des constantes dans l'univers visible. Notre propre étoile, le soleil, nous rappelle le pouvoir extraordinaire qui brûle au cœur de ces géantes, qui ne sont pourtant que les sentinelles de notre réalité visible. L'Étoile polaire nous rappelle qu'il y a dans l'univers un pouvoir plus grand, invisible, capable de se manifester et d'équilibrer la gravité, la lumière et l'énergie énormes constituant le cœur d'une étoile et en même temps capable de tisser les interactions subtiles entre les particules subatomiques présentes dans des états multidimensionnels sur l'existence desquels nous ne pouvons qu'avancer des théories.

Depuis l'aube des temps, les étoiles ont été révérées et observées. L'Étoile polaire offrait aux premiers voyageurs une aide permanente à la navigation, car les champs d'étoiles semblaient tourner autour de sa position fixe. Ces premiers essais d'astronomie ont été à la base du développement des prédictions de longue durée et des équations mathématiques. Les études suggèrent que les pyramides étaient disposées d'après la constellation d'Orion. Les peuples anciens voyaient des bêtes mythiques, des dieux et des personnages historiques dans les motifs des étoiles scintillant dans le ciel nocturne. Comme le soleil et la lune, les étoiles se déplaçaient à travers les cieux selon un cycle régulier, prévisible, certaines disparaissant derrière l'horizon en été et réapparaissant en hiver. Les récits mythiques de grands chasseurs et guerriers honorés par les dieux en étant placés à tout jamais sur le firmament ont été transmis à travers le temps et ont fini par être intégrés dans les pratiques religieuses anciennes.

Points essentiels de la lecture Le pouvoir de la tradition universelle est à l'œuvre ici, soit dans l'individu, soit dans un réseau de situations qui susciteront un changement profond et un nouvel espoir spirituel. L'Étoile polaire de direction prophétique et de savoir inspirant s'est levée et vous guidera lors de votre prochain voyage à travers la forêt. Si vous gardez en vous cette vérité ancienne et essentielle et la suivez, vous ne vous tromperez pas ; elle est là comme un talisman et comme un symbole du cycle universel de la nature. Dès que vous vous sentez perdu dans le labyrinthe obscur de la vie, rappelez-vous que vous êtes fait de la même matière primordiale agrégeant l'Étoile polaire et alimentant son cœur immense.

Racines et branches

• *Tradition universelle* • *Étoile du destin* • *Conscience stellaire* • *Éclat et étoile du matin* • *Prophétie du renouvellement* • *Signe d'une nouvelle ère ou d'un nouveau cycle* • *Conscience astrale* • *Soleil intérieur*

18 La Lune sur l'eau

18 LA LUNE SUR L'EAU

Position sur la Roue

La Lune sur l'eau est placée au centre de la Roue, au solstice d'hiver, le 21 décembre, au soleil noir. Son élément est la terre et elle se trouve à la porte de l'âme. C'est le point mystique immobile où les idées et les désirs passent de pensée pure à réalité objective.

DESCRIPTION Une pleine lune montant au-dessus marécage primitif éclaire un ciel hivernal sombre. La jachère est parsemée de roseaux robustes qui survivent et s'épanouissent dans l'eau enrichie de tourbe. Un œuf primal est submergé dans le marais riche en substances nutritives, plein d'énergie potentielle et de pouvoir créatif. Les arbres dénudés se tendent vers le ciel et attendent le retour du printemps pendant qu'un vol de corneilles et un héron tournent en cercle au-dessus. Un aurochs solitaire parcourt le terrain mystérieux.

La lune est le corps céleste le plus proche de nous dans le système solaire. Elle affecte les marées et les cycles de vie de la Terre, mais son pouvoir va bien au-delà. Dans le monde primordial de la Forêt enchantée, la lune est aussi la lumière sacrée et mystérieuse qui éclaire l'obscurité du vide absolu, un symbole de tous les aperçus inconscients ou inaccomplis de la réalité humaine.

SIGNIFICATION Dans l'image de la Lune sur l'eau il n'y a pas de voie visible pour le voyageur, néanmoins son reflet éclaire tout le terrain. Nous nous tenons au bord du marécage – l'état émotionnel primordial qui garde tout le potentiel et l'énergie créative dans la psyché humaine – et sommes attirés vers l'horizon, au-delà des arbres dénudés, où la Lune rencontre la Terre. Au-delà du vol du héros sacré il y a la fusion de notre âme ancestrale avec l'âme de la Terre.

Devant nous, l'œuf primal recouvert par le fluide amniotique du monde attend la pulsion créative amorçant le processus de la vie. Les cornes de l'aurochs représentent la fécondité, ainsi que la silhouette de la lune croissante et de la lune décroissante. La forme des cornes et de la tête évoque l'utérus et les trompes de Fallope. Dans la tradition mithriaque et druidique, le taureau avait également un rôle sacrificiel au solstice d'hiver, représentant l'arrivée d'une nouvelle vie depuis la « mort » de l'hiver. Le héron est un oiseau totem sacré de fécondité. Sous l'apparence d'une cigogne, l'oiseau personnifie les mystères de la réincarnation, offrant de puissants aperçus du mystère même de la vie.

La Lune sur l'eau représente les premiers pas au-delà de la conscience terrestre à travers le vide émotionnel primordial de la création. Elle englobe aussi les aspects de fécondité, de sexualité et d'initiation de la lune noire, de même que la peur irrationnelle face aux créatures associées à la nuit, comme les fées, les démons et les autres êtres cachés ou invisibles surgissant de la mémoire ancestrale.

Points essentiels de la lecture La Lune sur l'eau annonce une époque de transformation intérieure, d'initiation ou de prise de conscience. Celle-ci peut prendre la forme d'une situation apparemment aléatoire basée dans la sphère émotionnelle ou spirituelle, mais il se peut aussi que votre voix murmure depuis un moment sans être entendue. Maintenant, votre âme fait venir dans votre monde physique les clés symboliques du subconscient collectif, incarnées par un désir de chercher ou d'étudier une doctrine, une philosophie ou une pratique ésotérique, ou d'explorer une énergie sexuelle inutilisée et de faire l'expérience d'un lien spirituel plus étroit avec un partenaire grâce à l'honnêteté et à l'expression de vos envies cachés. De là, vous pouvez commencer à mesurer le concept que la conscience n'est pas en vous, mais que vous êtes dans la conscience de l'univers.

Racines et branches

• *Nouvelle lune* • *Renaissance* • *Point calme du potentiel* • *Chemin de la lune sur l'eau* • *Portail de l'âme* • *Marées de l'émotion et de la conscience* • *Source primordiale d'intuition et d'initiation*

19 *Le Soleil de vie*

19 LE SOLEIL DE VIE

Position sur la Roue

Le Soleil de vie est connecté à l'Homme vert et
à la Femme verte, tous trois représentant le concept de fécondité.
Il est associé à l'élément feu, au midi et au portail du mental.
Le soleil envoie énergie et lumière
fournissant au cycle de l'effort humain
une source de pouvoir enrichissant la vie.

DESCRIPTION Une magnifique sphère dorée, d'un éclat flamboyant, remplie de la matière bouillonnante de la création, se lève au-dessus des terres, chargeant les airs du pouvoir de notre astre. Devant elle se tient un personnage les bras écartés. La bénédiction de la lumière solaire ancienne brille dans son cœur. Autour de lui s'épanouissent des fleurs chargées en énergie par les rayons curatifs du soleil.

SIGNIFICATION Vu depuis le centre de la Forêt enchantée estivale, le Soleil de vie est entouré de fécondité et de croissance. Le pouvoir et l'importance de ce corps céleste ne peuvent pas être ignorés, car il offre vie, chaleur et lumière au monde humain. À l'âge de la pierre, les hommes avaient édifié beaucoup de sites marquant le lever du soleil, spécialement au solstice d'hiver, par respect pour les déités solaires, mais aussi parce que cet astre signifiait l'arrivée d'une nourriture abondante et le retour de la vie après la mort de l'hiver. C'était un hommage très réel et pratique rendu à la source du pouvoir primordial représentant la survie et le confort durant les mois chauds de l'année et la promesse toujours renouvelée du retour du soleil après son séjour au-delà de l'horizon pendant les mois d'hiver. Sans la lumière du soleil sur notre monde, la vie n'aurait jamais commencé et encore moins évolué dans la vaste diversité et complexité que nous voyons maintenant.

Sur le plan plus compliqué de la conscience humaine, le Soleil de vie représente le pas faisant pénétrer dans la conscience du mental universel. Après le mouvement initial depuis le point de potentiel calme de la lune, le soleil nous attire au-delà de la relation Terre-Lune vers une conscience des concepts sur un plan solaire. Le cœur du soleil renferme le processus secret de la fusion nucléaire de laquelle a été créé tout ce que nous percevons et comprenons sur un plan physique et galactique – et auquel la création reviendra un jour. Le personnage présent au centre de la lame nous rappelle que nous sommes faits de la matière de l'univers, notre corps physique créé à partir des déchets du processus de refroidissement du soleil. Nous faisons réellement un avec le cosmos et les mêmes interactions entre matière et énergie qui agrègent le soleil agissent en nous et à travers nous, instant après instant.

Points essentiels de la lecture Puissant symbole de lumière et de fécondité, le Soleil de vie annonce une saison bénie d'illumination joyeuse, de bonne santé et d'harmonie émotionnelle. À mesure que ses rayons purifiants pénètrent dans les ombres de votre cœur et de votre vie, la chaleur atteint vos os et charge en énergie votre esprit. Le moment est venu de laisser briller votre soleil intérieur pour que tous le voient, apportant chaleur, lumière et harmonie aux autres et, ce faisant, vous connecter à la conscience du mental universel. Le Soleil de vie vous enjoint aussi de regarder au-delà du bruit et du fracas de la réalité humaine et de devenir conscient de l'immensité et de la générosité de l'âme cosmique.

Racines et branches

• *Feu créatif* • *Lumière de la terre* • *Fourneau du potentiel* • *Soleil intérieur* • *Creuset primordial de matière et d'énergie* • *Cœur de la vie éternelle*

20 *Le Grand ours*

20 LE GRAND OURS

Position sur la Roue

Le Grand ours est placé au solstice d'hiver, le 21 décembre. Son élément est terre et il est associé au soleil noir, au portail des morts et de leur renaissance, et au point du renouvellement et de la guérison.

DESCRIPTION Entre deux ifs, sur une ancienne tombe à passage, est accroupi un ours polaire, comme un gardien. L'initié a été placé dans son lieu de repos, recouvert de terre et de pierres, et attend de renaître, gardé par la sentinelle chamanique du tertre. Les concepts religieux et politiques traditionnels de bien et de mal, de culpabilité et d'innocence, n'ont pas de place là, car le jugement qui s'y déroule durant l'époque de la renaissance est intériorisé et mystique, tout en étant aussi extériorisé et universel, dépassant de loin les confins étroits de la civilisation et les conventions humaines. La constellation de la Grande Ourse est visible dans le ciel, indiquant l'entrée de l'autre monde vers lequel se dirige l'initié.

SIGNIFICATION La peur de la mort et de la damnation s'est transformée dans une vision dénaturée de cette lame, le Jugement traditionnel. Cependant, l'univers est bien plus simple que l'affirment les dogmes religieux. Les lois de l'évolution, de la cause et de l'effet, ont plus à faire avec le jugement divin qu'avec la morale humaine. Si l'individu a gaspillé sa vie à la poursuite de gloriole et d'ambitions, le vide douloureux laissé dans son âme se fera connaître à travers le désespoir et la frustration. Dans la sphère terrestre ou universelle, si nous maltraitons l'écosystème et gâchons les ressources du monde, la nature trouvera un moyen de rétablir l'équilibre par ses propres méthodes évolutionnistes. La nature n'est pas vindicative, juste pragmatique. De même, si nous passons notre temps à nous éduquer et à nous comprendre nous-mêmes, cet investissement dans la sagesse nous aidera à vivre avec un respect plus profond pour toute l'humanité et la nature. La vie sera enrichie par la joie et la beauté de l'univers.

Le Grand ours est le gardien des sentiers de la forêt, détenteur du pouvoir de vie et de mort sur ceux qui transgressent ses lois. Après avoir été mis à nu, l'initié fait l'expérience d'une force et d'une sagesse renouvelées et renaît dans un lieu de sérénité, de paix et de repos permettant l'achèvement du processus de guérison. La nouvelle personne, complète, reconstituée, hiberne, riche de potentiel, prête à accueillir le printemps avec énergie et joie.

Points essentiels de la lecture La seule chose sûre dans la vie est que, si vous attendez assez longtemps, elle changera. Il vous appartient de choisir comment survivre à ce changement et quel but poursuivre. Le principal élément de ce processus est le jugement que vous portez sur vous-même et sur les autres, pouvant se rapporter à une évaluation concernant une question ou une situation personnelle, et susceptible d'être lié au processus de pardon. Il peut aussi être lié à un groupe ou à une décision sociale. L'honnêteté est la clé du processus de jugement, tant sur le plan individuel que sur le plan universel, . Soyez honnête, soyez clément, soyez patient, mais plus que tout, soyez certain que le changement est à portée de main. Rappelez-vous, l'univers a une longue mémoire. Rien n'est jamais oublié.

Racines et branches

• *Renouvellement*• *Mental universel* • *Vérité inévitable* • *Main équitable* • *Loi cosmique* • *Réincarnation* • *Sommeil du juste* • *Karma* • *Rien n'est oublié* • *Piège de la culpabilité* • *Récolter ce qu'on a semé* • *Divinité du pardon*

21 *L'Arbre du monde*

21 L'ARBRE DU MONDE

Position sur la Roue

L'Arbre du monde est placé au cœur du cycle, dans le quadrant du feu. Il renferme tous les différents aspects de la Roue, ainsi que les aspects humains de l'Arcane majeur.

DESCRIPTION Le grand Arbre du monde marque la fin du voyage du Vagabond. Les quatre saisons sont représentées dans ses branches. À sa base, un labyrinthe remontant aux temps préhistoriques, du type trouvé dans plusieurs parties du monde.

SIGNIFICATION Symbole du pont conscient entre le macrocosme animé et l'univers intérieur de la psyché humaine, pour le Vagabond l'Arbre du monde marque la fin d'un voyage et le commencement d'un autre. Le Vagabond a entamé le parcours autour de la Roue avec une curiosité innocente et enfantine, mais le subtil processus de croissance dont il a fait l'expérience sur le chemin lui a conféré sagesse et conscience. La dernière étape suit la voie à travers le labyrinthe animé et pénètre au cœur de l'Arbre du monde pour s'unir à la complétude du mental universel.

Rien n'est caché et aucune diversion ne détournera du chemin le voyageur peu méfiant. Pour accéder à l'arbre, on doit suivre le chemin et achever le voyage. Le labyrinthe n'a pas d'impasses ou de fausses routes : sa voie sinueuse part de l'entrée et se dirige inexorablement vers le centre. Symbolisant peut-être le passage du soleil ou la protection des âmes des ancêtres défunts et des esprits dans le lieu de leur repos, il reste un chemin vers le cœur des mystères et une image facilement reconnaissable du voyage humain. Bien que la porte de la base de l'arbre soit nettement visible et que rien n'empêche le voyageur de l'approcher directement, le suivi du chemin du labyrinthe est un rituel exigeant patience et intuition et permettant de méditer et de contempler la signification du voyage.

Ce qui se trouve au-delà de la porte est autant individuel qu'universel, car les branches de l'Arbre du monde comprennent les quatre saisons du cycle de la vie. À travers la guérison reposante de l'hiver, à la fraîcheur fertile du printemps, au pouvoir et à la joie de l'été et à la sagesse et à la maturité de l'automne, la lumière cosmique de la compréhension universelle brille depuis le cœur de l'arbre, générant un pont vers la source de toute conscience et de toute vie.

L'Arbre du monde représente l'ensemble de la vie individuelle et de la connaissance dans un champ holographique de conscience et, paradoxalement, subsiste en tant qu'entité, parfaite et accomplie. Ce concept complexe n'est pas seulement plus bizarre que nous le croyons, il est plus étrange que nous pouvons le penser !

Points essentiels de la lecture L'univers et toutes ses bénédictions sont accessibles à tous ceux qui cherchent sincèrement la connaissance et la sagesse. Le cosmos est généreux sur tous les plans et offre sans compter sa riche nourriture et sa réalisation. Peu importe la durée du voyage de la vie ou les innombrables tournants du labyrinthe, à la fin, si nous persévérons, nous atteindrons l'épanouissement. Celui-ci peut se rapporter au gain matériel et à la richesse ou au bonheur spirituel et à la sécurité émotionnelle. Après le long processus de l'apprentissage, de la responsabilité et de la renaissance, le moment est venu de baigner dans la lumière du renouvellement, de l'accomplissement et du triomphe personnel. Inspirez l'air riche, buvez l'eau fraîche et réjouissez-vous dans le feu chaleureux de la force de vie universelle.

Racines et branches

• Mental universel • Reconnaissance • Source primordiale de création • Conscience collective • Équilibre naturel • Récompense juste et richesse matérielle apportées par le travail créatif • Arbre de Vie et de Mort

SUITE DE FLÈCHES

Le mental intuitif est un don sacré, le mental rationnel est un servant loyal. Nous avons créé une société qui honore le servant mais a oublié le don.

ALBERT EINSTEIN

Position sur la roue

La période de printemps allant d'Imbolc à Beltane à travers l'équinoxe de printemps

Élément

AIR

Associations

Intellect créatif • *Rêves conceptuels* • *Stratégie* • *Souhaits projetés* • *Communication* • *Ambition* • *Ruse* • *Existence dans le mental*

ROI DE FLÈCHES

Martin-pêcheur

Position sur la Roue
Départ d'Imbolc vers l'équinoxe de printemps

Roi de Flèches ✿ *Martin-pêcheur*

SIGNIFICATION Ce minuscule oiseau, dont les deux sexes montrent les couleurs de l'arc-en-ciel, est parfaitement à l'aise dans les airs et dans l'eau. De par sa remarquable capacité à plonger dans l'eau et à attraper des poissons, le Martin-pêcheur a symbolisé pendant des siècles la sagesse et la tradition anciennes.

POINTS ESSENTIELS DE LA LECTURE Vous devez faire preuve de jugement, de force, de volonté. Le roi est impartial et vous aide à voir clairement ce à quoi vous n'avez plus besoin de vous raccrocher. Utilisez votre force pour vous libérer de ce qui vous entrave.

Sentiers et chemins

Intelligence • Force • Vigilance • Conseils • Capacité à distinguer le vrai du faux

REINE DE FLÈCHES

Cygne

Position sur la Roue

Arrivée à l'équinoxe de printemps

Reine de Flèches ✤ *Cygne*

SIGNIFICATION Cet oiseau gracieux et puissant a longtemps été associé au mythe et à la légende. Depuis Léda, transformée à son tour en cygne après avoir fait l'amour avec Zeus qui s'était présenté à elle sous ce déguisement, à Elsa de Brabant du récit de Lohengrin, chevalier du Graal, le Cygne est un protecteur fort et souverain.

POINTS ESSENTIELS DE LA LECTURE Un état de séparation est présent, apportant chagrin, privation et malheur. Vous devez briser les anciens liens et trouver de nouveaux fleuves où nager si vous voulez dépasser ce lieu d'obscurité et de perte.

Sentiers et chemins

Pureté • Perte • Changement • Souffrance • Chant • Absence • Pénurie • Liberté après conflit

CAVALIER DE FLÈCHES

Faucon

Position sur la Roue
Sortie de l'équinoxe de printemps

Cavalier de Flèches ✿ *Faucon*

SIGNIFICATION Rapide, gracieux et maître de l'élément air, le Faucon est symbolique de la vision et du pouvoir. Sa capacité de voler et de nicher en haute altitude, de voir sa proie et de la chasser depuis les hauteurs induit une révérence particulière pour cette créature majestueuse et intrépide.

POINTS ESSENTIELS DE LA LECTURE Messager rapide du sort, le Faucon vous aidera et vous soutiendra pour voir le problème essentiel à travers les strates de doute et d'incertitude. Soyez rapide et subtil et utilisez votre bon sens pour progresser.

Sentiers et chemins
Héroïsme • Controverse • Subtilité • Réalisme • Impétuosité • Colère • Rancune • Valeur

VALET DE FLÈCHES

Roitelet

Position sur la Roue

Départ de l'équinoxe de printemps vers Beltane

Valet de Flèches ✿ *Roitelet*

Signification Les couleurs du roitelet huppé – rouge, blanc, vert et noir – étaient jadis tenues pour sacrées. Le roitelet commun était considéré comme un gardien des mystères de l'hiver. Les druides gardaient les roitelets en tant qu'animaux totémiques de bon augure et de prophétie et les sacrifiaient rituellement le jour de la saint Étienne (26 décembre).

Points essentiels de la lecture L'étude et l'application apportent sagesse et compréhension applicables dans la plupart des situations. Votre jeunesse et votre détermination vous feront avancer et votre savoir-faire naissant vous conduira à une réalisation dynamique.

Sentiers et chemins

Vigilance • Mystère • Détermination • Travail • Érudition • Sagesse • Gardien vigilant

AS DE FLÈCHES

Le Souffle de vie

As de Flèches ✤ *Le Souffle de vie*

DESCRIPTION La tête du Cheval blanc d'Uffington, esquissée sur l'herbe verte des Downs, nous regarde depuis cette lame. Une flèche plane au-dessus de son œil, dirigée vers tous les avenirs possibles. Des volutes d'énergie sortent de sa bouche. L'œil du cheval scintille d'énergie.

SIGNIFICATION L'animal dessiné sur la colline calcaire d'Uffington respire la vitalité – une vitalité renouvelée combinée avec la connaissance du lieu où vous désirez être et de la manière d'y parvenir. La légende dit que si on se tient sur l'œil du Cheval blanc d'Uffington en faisant un vœu, celui-ci est exaucé et, de plus, on acquiert la sagesse.

POINTS ESSENTIELS DE LA LECTURE En concevant une idée et en la suivant jusqu'à sa traduction dans le monde réel, nous nous engageons dans une relation ancienne et unique avec l'univers et le divin. Notre mental est lié à une conscience plus grande, dont le pouvoir et l'efficacité ne demandent qu'à être interrogés. À mesure que les débuts d'une idée ou d'un concept se cristallisent dans votre mental, l'énergie créative primordiale vous connecte au Souffle de vie. Vous pouvez faire appel à cette énergie et l'utiliser pour exaucer votre désir conscient. La clarté de l'objectif est la clé. Parfois, une pulsion inconsciente vous fait réaliser l'existence d'un problème ou d'un besoin caché se montrant parfois en rêve, signalant souvent sa présence de cette manière parce que vous lui accordez peu d'attention ou manquez de confiance en vos capacités. Notre connexion unique avec l'univers garantit que ces problèmes arrivent à notre conscience.

Deux de Flèches ✿ Injustice

DEUX DE FLÈCHES

Injustice

Description Le personnage intronisé et anonyme de la Justice est assis comme une statue, pied reposant sur un vieil arc en bois. Ses yeux sont bandés et son corps couvert d'une simple robe blanche. Au-dessus de sa tête, on voit une balance, dont un plateau porte une plume et un plateau, quelques pièces de monnaie. Ses mains tiennent deux flèches.

Signification La balance de la justice naturelle a été faussée par des jugements erronés, l'ignorance ou l'arrogance. Porter un jugement avec une balance déséquilibrée par des hypothèses fausses, si passionnées ou sincères soient-elles, échouera. L'arc est brisé et rendu inutile par la préconception et le mauvais usage.

Points essentiels de la lecture Les conclusions fallacieuses et les décisions injustes, reposant sur la désinformation, motivées par la peur, la cupidité et le préjugé, peuvent susciter d'innombrables problèmes. Disséminée par erreur ou délibérément par ceux qui craignent la vérité et désirent manipuler la situation en vue d'un contrôle ou d'un gain personnel, cette propagande pervertissant le cours de la justice naturelle et la révélation des faits ne survivra pas à l'examen honnête, sage et impartial. Dans beaucoup de situations, la vérité est prise en otage et dénaturée pour devenir un message mensonger, conçu pour désorienter et instiller la peur dans ceux cherchant la clarté. Le sage questionne et teste les faux messages et discerne la pertinence d'une accusation nuisible. Les altérations de la vérité apporteront toujours frustration et amertume à l'individu ou au groupe se servant de telles tactiques déshonorantes. Le menteur porté sur l'interférence destructrice sera toujours tenu pour une source peu fiable. Pour la victime de l'injustice, la meilleure défense de la vérité est toujours encore plus de vérité.

TROIS DE FLÈCHES

Jalousie

Trois de Flèches ✤ Jalousie

Description Une grande cible en forme de cœur est accrochée au centre de l'image. Percée par trois flèches, elle laisse échapper des gouttes de sang qui arrosent le sol.

Signification Beaucoup d'émotions suscitent la peur, la jalousie ou l'envie, passions concurrentes ou ressentiments qui en fin de compte détruisent. Les ressentiments ou les attitudes négatives envers la famille, les amis ou les partenaires d'affaires naissent de l'insécurité émotionnelle ou du préjugé social.

Points essentiels de la lecture La jalousie a des origines extrêmement variées, particulièrement subjectives et profondément ancrées dans le terreau socio-économique ou psychologique. Que la jalousie soit née d'un cœur brisé, d'un rêve détruit ou d'un système économique effondré, faites attention à ne pas remplacer l'humilité et le pardon par l'envie. La pulsion émotionnelle la plus habituellement associée à la jalousie est la perte. De quelque manière qu'elle soit perçue, elle incite tant sa « victime » que l'individu envieux à regarder attentivement la nature de leurs motivations et de leurs responsabilités. Le jaloux ou le possessif a parfois le sentiment d'avoir le « droit d'agir comme il le fait », idée susceptible d'émerger des attentes sociales ou familiales véhiculées par une éducation mal conçue ou par le rejet des responsabilités et des normes sociales. En grandissant, nous découvrons qu'il y aura toujours quelqu'un qui possède davantage ou a plus de chance. Le baume soignant l'envie est l'humilité, l'acceptation et le pardon, même face à la rivalité et à la colère, juste comme la réfocalisation constante de votre énergie dans une dynamique positive et créative guérit le mieux les effets de la jalousie.

Quatre de Flèches ✿ Repos

QUATRE DE FLÈCHES

Repos

Description Un personnage aux yeux fermés gît sur le sol. Quatre flèches sont fichées dans la terre, deux au niveau de sa tête, deux à hauteur de ses genoux. Au-dessus de lui plane un grand papillon multicolore duquel partent dans toutes les directions des rayons d'énergie, le baignant de lumière.

Signification Rechargement après une période d'activité stressante, de travail ardu ou de traumatisme émotionnel. Accordez du temps à l'imagination pour séjourner dans l'autre monde afin de renouveler et de régénérer votre vitalité.

Points essentiels de la lecture Dans ce monde stressant et exigeant, nous oublions parfois que le repos est une partie nécessaire de la vie saine et le sommeil est un élément vital de la récupération et du processus de guérison. Ce mécanisme primal n'est pas juste destiné au bien-être du corps, mais aussi à celui du mental et de l'imagination. Les muscles ont besoin de temps pour se réparer et se remettre après un grand effort, la psyché humaine a besoin de rêves et de sommeil profond pour soutenir ce processus, apportant l'ordre dans la vie quotidienne parfois chaotique. L'inspiration et l'intuition peuvent arriver aussi par la méditation et le rêve lucide. Accueillez-les avec joie et notez ce que vous dit votre subconscient. L'un des premiers instincts pour survivre dans un environnement sauvage est de trouver ou de bâtir un abri pour se protéger des éléments et avoir un endroit où se reposer et dormir en sécurité. Privés d'abri, les survivants sont souvent désorientés, prennent de mauvaises décisions, deviennent physiquement incapables d'effectuer les tâches simples et nécessaires et finissent par perdre espoir. Le repos et le sommeil sont vitaux pour restaurer la vigueur et la vitalité.

CINQ DE FLÈCHES

Frustration

Cinq de Flèches ✤ *Frustration*

DESCRIPTION Une chèvre aux longues cornes recourbées et au pelage emmêlé s'élance. Quatre flèches l'ont déjà ratée. En dessous, un chasseur vêtu de cuir et d'écorce bande son arc, visant de sa cinquième flèche sa proie insaisissable.

SIGNIFICATION L'énergie incertaine ou la colère qui conduisent l'archer à rater sa cible ou à frapper sans maîtrise, fait perdre des ressources précieuses.

POINTS ESSENTIELS DE LA LECTURE La frustration est l'ennemi de toute poursuite exigeant maîtrise de soi et calme. C'est frustrant d'entendre des rumeurs ou des mensonges, mais le chasseur imperturbable ne se laissera pas distraire par de telles inepties. Il faut de la pratique pour comprendre que tout ce qui éloigne la concentration émotionnelle du but réel et bien mérité est juste une distraction. Si des gens tentent de causer de telles distractions, vous ne ferez qu'entretenir leur ego et aider leur cause en réagissant. Prenez une respiration profonde, apaisez votre mental et visualisez clairement l'objectif. Parfois, l'humour peut dissiper et annihiler les effets de la frustration. Prenez un moment pour rire de vous-même et voir l'ironie dans les situations suscitant de telles distractions. Voyez la futilité des jeux visant à faire échouer vos efforts et occupez-vous calmement de vos affaires avec intention mûre et déterminée. La frustration est une énergie non ancrée qui agit contre vous et est mieux employée pour régler vos propres difficultés. Prenez le temps de bien voir votre but et ignorez les détracteurs. Restez concentré sur la cible et décochez vos flèches sur vos cibles avec une précision calme et réfléchie.

Six de Flèches ✤ *Transition*

SIX DE FLÈCHES

Transition

Description Un bateau en bois à la proue en forme de cygne flotte sur un plan d'eau calme. Sa voile blanche, marquée d'une étoile à six branches dessinée par six flèches, est levée. À la proue du bateau se tient un personnage solitaire, enveloppé d'un manteau à capuchon.

Signification La progression vers de nouvelles possibilités, dans votre personnalité ou réflexion. Une pulsion subconsciente incitant à dépasser vos horizons actuels devenus statiques. C'est une époque inquiétante ou éprouvante d'incertitude, mais la maîtrise des énergies et des élans positifs ajoutera une dynamique réfléchie aux changements en cours.

Points essentiels de la lecture Ici, la pulsion primordiale enjoint de dépasser les limites anciennes et le processus personnel de réflexion et d'employer de nouvelles méthodes de raisonnement pour régler des questions importantes. Certains obstacles mettent au défi les vieilles méthodes, et de nouvelles réactions, plus dynamiques, sont nécessaires pour s'adapter à une série inédite de paradigmes. Ce processus est stimulant. Le voyage peut être effrayant, car il est perturbant d'abandonner les processus anciens et efficaces, mais les marées invisibles dirigeant le besoin d'évoluer vous portent déjà vers d'autres expériences et endroits. Il est essentiel de vous fier à vos instincts et savoir-faire pour accepter le changement et surmonter les situations inédites. Profitez du dynamisme de votre subconscient et surfez sur la vague avec un cœur ouvert et une attitude mentale positive. Accueillez tout nouveau processus avec confiance et appliquez votre savoir-faire pour effectuer un renouvellement curatif. Acceptez aussi les expériences éprouvées, car la Roue tourne, et assurez ces changements personnels avec enthousiasme intrépide.

SEPT DE FLÈCHES

Insécurité

Sept de Flèches ✤ *Insécurité*

DESCRIPTION Au centre de la lame se tient la Femme verte vêtue de feuillage, dont la chevelure semble pousser comme des sarments. Ses bras sont levés en bénédiction, mais des flèches transpercent sa chair et la visent.

SIGNIFICATION Les peurs sans fondement et la désorientation conduisent à l'instabilité, à la panique, à se torturer soi-même par la culpabilité ou la psychose et le besoin de gérer les aspects fragmentés ou rejetés de sa personnalité.

POINTS ESSENTIELS DE LA LECTURE Certaines de nos plus grandes peurs et pulsions autodestructrices naissent de l'insécurité émotionnelle ou de l'absence d'autodiscipline, affaiblissant la capacité de prendre des décisions appropriées ou d'entreprendre des actions responsables. Parfois, ces peurs obscures, sans fondement, sont le produit de la panique ou de la culpabilité semée par un mauvais exemple parental. Des attentes émotionnelles déraisonnables et des sentiments d'abandon alimentent aussi l'instabilité émotionnelle. Trouver sa place dans cet environnement exige un sérieux travail intérieur et une réelle autoévaluation de la véritable nature du problème suscitant la peur. Nous ne pouvons pas changer le passé, mais nous pouvons développer des stratégies futures à partir des leçons de la vie. Ce processus implique également le pardon des échecs passés des autres, des convictions ou, plus important, les vôtres. Le pardon de soi est un mécanisme curatif vital pour les blessures autoinfligées associées à la culpabilité. Comprendre et accepter les motivations des erreurs passées stimule le processus d'édification d'une base émotionnelle sûre et saine depuis laquelle entamer de nouveaux voyages.

Huit de Flèches ✦ *Effort*

HUIT DE FLÈCHES

Effort

DESCRIPTION Un personnage solitaire avance péniblement dans un paysage désolé, s'appuyant lourdement sur un bâton. Étroitement enveloppé d'un manteau et de vêtements épais, il se fraye un chemin à travers le blizzard. Sur le sol, parmi les flocons tourbillonnants de neige, huit flèches tordues, brisées et perdues, ont été blanchies par les éléments.

SIGNIFICATION Dans les ténèbres de l'échec, la lampe ardente de l'espoir reste allumée dans l'âme humaine et encourage l'effort. Pour survivre à la tempête, il faut du courage.

POINTS ESSENTIELS DE LA LECTURE Même si nous préférerions que les problèmes conflictuels et les dilemmes moraux ne soient pas présents dans notre vie, parfois ils font partie du voyage. Avec de la chance, le soutien et la sympathie des amis et des proches nous aidera à faire face, mais pas toujours. Parfois, en raison de la nature très personnelle du problème, nous nous débattons avec un dilemme épineux que seuls nous pouvons régler. Les choix sont maintes fois douloureux et difficiles. Le chemin est parsemé d'obstacles inconnus et d'embûches, sans remède évident. Tous ces éléments mettent à l'épreuve nos convictions les plus intimes, nous faisant douter de la validité de nos choix. De tels efforts personnels exigent une action calme, décidée et résolue. Plongez-vous au tréfonds de votre être et faites appel à toutes vos réserves de courage et de sagesse. Analysez honnêtement ce que le problème exige pour être réglé et montrez un engagement inébranlable à ceux qui en font peut-être partie. Considérez ce séjour nécessaire avec clarté et décision, car surmonter les épreuves de la vie rend plus fort.

NEUF DE FLÈCHES

Consécration

Neuf de Flèches ✤ *Consécration*

Description Un personnage vêtu de robes de peau décorées de motifs de feuilles se tient dans une clairière de la Forêt enchantée. Un arc repose sur l'un de ses bras comme un violon, une flèche passant sur sa corde. Huit autres flèches sont éparpillées autour, comme repoussées par un bouclier invisible.

Signification Le guerrier spirituel consacre ses flèches d'inspiration en jouant de l'arc comme d'un instrument d'appel. L'engagement intérieur aide à garder l'équilibre en consacrant le savoir-faire au plus grand bien.

Points essentiels de la lecture Répondre à l'appel de consacrer sa vie à tout savoir-faire, chemin spirituel, système de croyances ou philosophie exige de la sincérité, de l'autodiscipline et beaucoup de travail. C'est un appel sacré qui demande du temps et de l'effort. Ceux qui l'entendent et deviennent guerriers spirituels et protecteurs de la terre doivent aussi faire preuve de responsabilité et d'esprit de sacrifice. Il semble superflu de nier que l'homme a eu un effet néfaste sur le climat de la planète et son atmosphère. À l'avenir, la conscience accrue de notre impact individuel sur l'écosystème prendra une signification plus considérable à l'avenir. Nous ne pouvons pas prédire l'effet que notre cupidité et notre exploitation acharnée de la terre aura en dernière analyse, mais le défenseur déterminé doit protéger l'héritage vivant que nous laissons à nos enfants. Il est extrêmement important d'enseigner par l'exemple la valeur du respect pour les croyances et les philosophies d'autrui en honorant la terre. Parfois, un simple rituel quotidien rappelle l'engagement pris de conserver et de protéger l'environnement. Consacrez-vous à la préservation de la terre et changez les choses.

Dix de Flèches ✿ Instruction

DIX DE FLÈCHES

Instruction

Description Un homme enseigne à son fils à tenir un arc et à décocher des flèches. Derrière eux est accroché le dessin abstrait d'une roue dont les rayons sont neuf flèches. L'enfant se prépare à tirer la dixième.

Signification Le parent transmet avec amour et tolérance le savoir-faire, la sagesse et les façons des ancêtres. Pour que le savoir-faire ancien soit utilisé de manière inédite, l'instruction et la communication entre générations sont nécessaires.

Points essentiels de la lecture À mesure que les jeunes assimilent et appliquent des technologies de plus en plus complexes avec une vitesse déconcertante et une aisance troublante, le fossé entre les générations s'élargit. Lorsque nous interagissons actuellement avec les jeunes, nous devons faire un effort conscient pour leur transmettre la sagesse et les savoir-faire traditionnels et rendre leur relation avec ces disciplines aussi vitale qu'elle l'a toujours été. Avec l'arrivée de la révolution industrielle, la relation traditionnelle entre père et fils a été modifiée. Les expériences communes comme la chasse, la pêche, les soins des troupeaux et des champs, se sont lentement raréfiées. Les « mystères féminins » enseignés aux filles se sont estompés à mesure que les rôles sociaux traditionnels ont évolué. Toutes les générations sont perdantes si le fossé s'élargit trop et si les savoir-faire, la sagesse et les arts sont oubliés. Juste comme aucun enfant n'oubliera le premier poisson attrapé ou le premier but inscrit avec les conseils du grand-père, la fierté de l'accomplissement et la responsabilité des bons parents est ancrée dans le présent de l'instruction. La société sera menacée si nous perdons ces dons d'expérience partagée et de patience appris grâce à l'interaction de l'instruction.

SUITE D'ARCS

Le destin n'est pas une question de chance, c'est une question de choix ; ce n'est pas une chose à attendre, c'est une chose à accomplir.

WILLIAM JENNINGS BRYANT

Position sur la roue

La saison d'été, allant de Beltane à Lammas, à travers le solstice d'été

Élément

FEU

Associations

Créativité • Développement • Entreprise • Science • Poursuites philosophiques et ésotériques • Compétence alimentée par la volonté

ROI D'ARCS

Vipère

Position sur la Roue
Départ de Beltane

Roi d'Arcs ✿ *Vipère*

SIGNIFICATION À cette époque de l'année, la Vipère représente les énergies terrestres sinueuses montant du sol et s'entrelaçant dans les airs, lorsque les vipères mâles se battent pour dominer. (Parfois, on confond cela avec un rituel d'accouplement.) Elle représente aussi le pouvoir magique, l'équilibre et les arts curatifs.

POINTS ESSENTIELS DE LA LECTURE La maturité, la décision, l'énergie et la sagesse. Le génie et l'individualité du quêteur sont fortifiés et récompensés. Votre direction est incontestée, votre chemin, direct, vos objectifs, atteints.

Sentiers et chemins

Sérieux • Honnêteté • Talent • Bonnes intentions • Intégrité • Homme marié • Bon père • Éducation et sagesse

REINE D'ARCS

Lièvre

Position sur la Roue

Progression vers le solstice d'été

Reine d'Arcs ✤ Lièvre

SIGNIFICATION Les lièvres ont été associés au printemps (Eostre, la déesse-lièvre saxonne) et à la sexualité depuis l'époque celtique, quand il était interdit de les tuer. Reproducteurs prolifiques, ils représentent la fertilité et le potentiel.

POINTS ESSENTIELS DE LA LECTURE Un compagnon de vie, compatissant et compréhensif, vous faisant prendre mieux conscience de ce qui est nécessaire pour réussir dans toutes vos entreprises. Sage et spirituelle, douce et gentille, la Reine vous soutient et renforce votre détermination.

Sentiers et chemins

Gentillesse et responsabilité • Offrande de paix et d'amour • Obligeance, courtoisie, compréhension • Enchantement • Réussite en affaires

CAVALIER D'ARCS

Renard

Position sur la Roue

Traversée du solstice d'été

Cavalier d'Arcs ✤ *Renard*

SIGNIFICATION Sa ruse et sa capacité à traquer ses proies, combinées avec sa grande vivacité et sa curiosité font du Renard un chasseur nocturne expert. Souvent aperçu à l'aube, le Renard renferme un mélange séduisant de sagesse et d'espièglerie.

POINTS ESSENTIELS DE LA LECTURE La détermination vous conduit à la réussite, mais parfois vous coûte. Votre vie peut changer ou prendre un chemin différent à tout moment. L'intelligence et la malice guident vos pas vers l'épanouissement, tout comme le don d'anticipation.

Sentiers et chemins

Départ • Déménagement • Émigration • Dépassement des habitudes anciennes • Séparation par la distance • Changement de direction

VALET D'ARCS

Hermine

Position sur la Roue

Départ du solstice d'été vers Lammas

Valet d'Arcs ✤ *Hermine*

Signification De par son féroce instinct de chasseur et sa capacité à vivre sous terre, combinés avec la couleur changeante de sa fourrure, passant de blanc à roux, et sa queue noire (les trois couleurs sacrées du monde ancien), l'Hermine a de forts liens mystiques avec la souveraineté de la terre.

Points essentiels de la lecture Souvent, vous êtes tenu pour un émissaire et, en tant que tel, vos dons sont reconnus et honorés largement. Votre faculté de percevoir la vérité dans presque toute situation est extrêmement utile et votre liberté d'esprit vous désigne comme une personnalité originale et unique.

Sentiers et chemins

Secret • Anonymat • Caractère extraordinaire • Prodige • Nouvelles étranges • Esprit libre • Rêves • Vision • Apparition d'un étranger

As d'Arcs ✿ Étincelle de vie

AS D'ARCS

Étincelle de vie

Description Sur un fond scintillant de feuilles et de branches, un arc de chasse robuste et grossièrement ébauche brille du feu même de la vie. La pointe d'une flèche repose sur un tas de bois d'allumage, et l'écorce enroulée s'enflamme lorsqu'elle lance un éclair incandescent.

Signification Tout comme le mouvement de l'axe cosmique génère une étincelle de vie, l'embrasement d'une flamme dégage la lumière et la chaleur nécessaires dans notre vie. La drille servant à allumer le feu suggère l'élément humain, notre partenariat avec l'environnement dans lequel nous vivons et la maîtrise de ses présents.

Points essentiels de la lecture En façonnant et en guidant l'outil qui chasse et en même temps allume le feu, nous suscitons l'étincelle qui amorce le processus de création et de chargement en pouvoir. Cela exige du savoir-faire, de l'effort, de l'engagement et de la persévérance, tandis que l'univers répond toujours par l'illumination, le challenge et l'occasion. C'est la nature de la relation humaine avec la création, conduisant à une meilleure conscience du rôle que nous devons jouer dans le grand schéma des choses. La maîtrise de l'énergie inhérente à l'arc, du savoir-faire et de l'endurance nécessaires pour décocher les flèches avec précision et efficacité est aussi primordiale et ancienne que l'existence humaine. Chaque tribu de la Terre a développé l'arc en tant qu'outil. Choisir et façonner le bois de l'arc et des flèches prennent du temps et demandent une parfaite connaissance de ce domaine, ainsi que des habitudes et des modèles de la nature associés à la proie visée. L'archer acquiert ainsi du respect et de la révérence pour les créatures habitant la Forêt enchantée. Soyez préparé à apprendre des savoir-faire inédits, à vous adapter à un environnement en changement et à focaliser vos instincts sur la tâche en cours.

DEUX D'ARCS

Décision

Deux d'Arcs ✿ *Décision*

DESCRIPTION Un personnage se tient au sommet d'une colline sur le fond étoilé de la nuit. Autour de sa tête flamboie la couronne des feux de la décision. Il tient dans ses mains deux bois d'arc inachevés, le dépassant en hauteur. Ces bois dégagent des flammes, expression de sa vigueur et de sa force.

SIGNIFICATION Les sens subconscients liés à la prise de décision sont en alerte. Le portail est ouvert devant l'individu prêt à entreprendre une action positive.

POINTS ESSENTIELS DE LA LECTURE L'arc représente non seulement l'énergie potentielle latente dans toute situation, mais aussi le besoin de la diriger et de la gérer pour atteindre vos objectifs. C'est le premier pas en vue de revigorer et de reformer la relation avec la vie. Il exige la volonté de passer un seuil et de prendre le contrôle de manière positive et proactive. Parfois, cela peut nécessiter la revendication et le refaçonnage des outils mentaux et émotionnels et des énergies nécessaires pour avancer dans la vie. En vous préparant à ce passage et au choix permettant d'avancer naturellement, vous devez faire appel à une nouvelle discipline mentale ou revenir à une autre, qui s'est montrée précédemment efficace. En évoquant et en dirigeant les puissantes énergies curatives dont vous disposez, vous pouvez vous saisir du bois de l'arc ébauché et entamer la formation de votre destin. Vous vous tenez à un carrefour crucial, à partir duquel vous pouvez avancer maintenant avec confiance. Une fois prise la décision de contrôler ces éléments et de maîtriser et diriger votre pouvoir, un nouvel ensemble de possibilités voit le jour. Pour atteindre leur potentiel plénier et efficace, ces énergies doivent être maniées avec soin et responsabilité.

Trois d'Arcs ✿ *Épanouissement*

TROIS D'ARCS

Épanouissement

Description Un personnage enveloppé de robes se tient à la jonction de deux chemins, une main levée pour bénir, l'autre tenant un arc. Deux ébauches de bois d'arc sont plantées dans le sol des deux côtés du croisement, formant un portail à travers lequel ce personnage accueille le voyageur.

Signification La nourriture offerte par une source spirituelle confère sécurité intérieure et joie. Les objectifs et les désirs sont satisfaits, enrichissant la vie d'examen émotionnel minutieux et de complétude.

Points essentiels de la lecture L'archer ne doit faire qu'un avec l'arc pour bien diriger son énergie potentielle. Tout comme la flèche s'envole de l'arc vers sa cible avec une grâce dépourvue d'effort, le cœur en quête et celui qui cherche la connaissance se laissent traverser par l'énergie. Cette combinaison d'énergie équilibrée et de concentration intellectuelle permet de maîtriser toute situation et de réussir en ne faisant qu'un avec la nature et ses habitants. Vous pouvez arriver à cette citadelle intérieure de force et de paix seulement grâce à une réévaluation, une vigilance et un engagement constants à vos objectifs. Vous laisser traverser par le pouvoir et laisser s'envoler vos flèches en toute confiance complète un circuit universel invisible. Le calme intérieur et la concentration ainsi atteints sont manifestes aux yeux d'autrui. Ils induisent chez ceux dont vous êtes responsable un sentiment de foi, de confiance et de sécurité. Cette énergie éclatante inspirera les autres à entamer leur propre chemin de découverte de l'épanouissement.

QUATRE D'ARCS

Célébration

Quatre d'Arcs ✿ *Célébration*

Description Les personnages dansant joyeusement pour célébrer la générosité de la saison tiennent quatre arcs dépourvus de corde. Un grand feu brûle au centre d'une clairière, au plus profond des bois. Il dégage chaleur et lumière et éclaire des rayons d'un orange chaleureux les recoins les plus sombres de la Forêt enchantée.

Signification Une célébration de la santé, de la richesse et de la sécurité et un moment pour se détendre et profiter de la générosité de la bonne fortune ou du travail. Des vacances ou une fête à une époque de fertilité et de créativité abondantes.

Points essentiels de la lecture Alors que la concentration, l'effort et la consécration sont inhérents pour la maîtrise de tout savoir-faire exigeant de la patience et de la pratique, une période de détente et de célébration est aussi précieuse. Sans la récompense opportune et bien méritée de la bienveillance, du plaisir et de l'amitié nous nous détachons et nous nous isolons de ceux avec lesquels nous partageons affinités et code moral. Être capable de se détendre et de partager l'abondance est un élément du processus de guérison de l'esprit humain – c'est ainsi que nous délassons et nourrissons notre âme. Que la célébration soit une fête traditionnelle ou la marque d'une réalisation personnelle, la revitalisation de notre détermination et la restauration de notre désir par l'énergie de la célébration insouciante et du rire sont des présents offrant une réflexion sur la beauté, la générosité et l'émerveillement naturel. Partager et échanger la générosité de la bonne fortune avec ceux que nous aimons et respectons sont la meilleure célébration à laquelle nous pouvons nous adonner.

Cinq d'Arcs ✿ Émancipation

CINQ D'ARCS

Émancipation

Description Quatre arcs inachevés sont disposés comme des offrandes devant le puissant géant de Cerne Abbas, qui en tient un cinquième dans sa main. Ancien emblème de fécondité, il a été longtemps tenu pour un ouvreur des chemins.

Signification En affrontant nos plus grandes peurs et en les surmontant, nous nous chargeons en pouvoir et devenons plus résistants et efficaces face à l'adversité. L'individu est ainsi incité à penser qu'il n'est plus impuissant. Chargé en pouvoir, il finit par avoir la capacité d'influencer et d'affecter le résultat des événements, ainsi que de modifier les perceptions.

Points essentiels de la lecture La maîtrise de tout savoir-faire ou discipline permet le chargement en pouvoir favorisant les processus mentaux clairs et concluants. Les flèches des désirs et des souhaits sont lancées vers le destin avec un résultat positif. Le moment est venu de se charger soi-même en pouvoir en prenant l'initiative. En canalisant les énergies primordiales, fertiles et protectrices, l'individu fera évoluer son état d'esprit et l'utilisera pour grandir et changer efficacement. Cela est aussi valable pour la société. C'est là accomplir son destin par choix, pas par chance. L'action même d'observer une particule change celle-ci et cette force de vie brute, dynamique, peut être concentrée et employée en pratique pour influencer des situations. Le chargement en pouvoir permet à l'individu de dépasser les images de soi négatives ou les dépendances émotionnelles destructrices et d'accroître sa confiance en surmontant les handicaps sociaux. Le chargement en pouvoir est la clé pour accomplir son destin et arriver à un sentiment de réalisation spirituelle par une attitude proactive et positive envers la vie.

SIX D'ARCS

Abondance

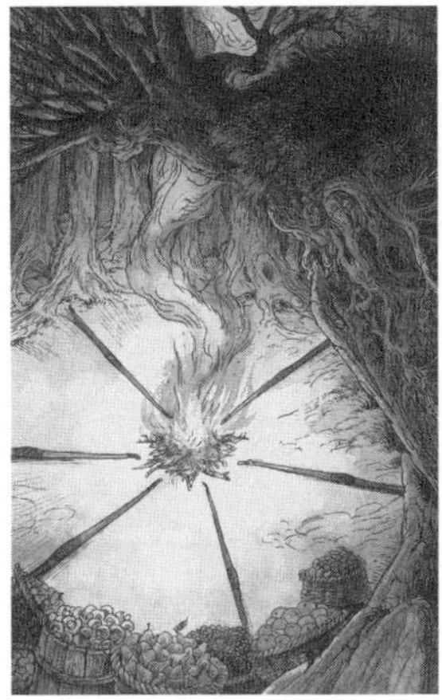
Six d'Arcs ✤ *Abondance*

Description Au cœur d'une clairière de la forêt, un feu de rondins est entouré de six bois d'arc dépouillés de feuilles mais pas encore façonnés, disposés en étoile. Il dégage lumière et chaleur et suit le modèle des saisons. Des symboles de toutes les richesses estivales de la forêt naturelle l'entourent.

Signification C'est le moment de récolter les fruits de l'abondance de l'été et d'accepter les récompenses de la patience. En attendant calmement ce que vous avez semé, vous pouvez profiter des bénédictions de la nouvelle croissance. Nous partageons humblement la plénitude de l'année avec ceux moins chanceux.

Points essentiels de la lecture La roue tourne et le moment de profiter des fruits et des récompenses de l'été est arrivé. La patience est récompensée par l'abondance des résultats de vos efforts. Le moment est venu de vous laisser envahir par un sentiment généreux de bien-être, qui circule aussi autour de vous, et de profiter des plaisirs et de la nourriture qu'offrent ces présents curatifs et revitalisants. Parfois, après une période de stress et de durs efforts, le processus de détente est vital pour recharger l'esprit en énergie, le préparant aux difficultés de l'hiver. La joie de partager votre abondance avec les autres est une partie naturelle du processus, accroissant sa paix intérieure et sa satisfaction. Vos dons généreux réconforteront les autres au fil des saisons et rappelleront à tous que la Roue continue de tourner. Rendez grâce et acceptez les bienfaits du changement intervenant dans la vie à cette époque. Nous partageons la générosité de la Forêt enchantée et communions avec ses habitants dans notre vie quotidienne.

Sept d'Arcs ✤ Dégagement

SEPT D'ARCS

Dégagement

Description Un arc usé, brisé, est posé sur le sol. Six bois d'arc à moitié achevés sont visibles sur un côté. Un feu brûle les déchets de bois. Sa fumée monte en volutes vers le ciel à travers les arbres, mais les flammes sont vives et de petites gerbes d'étincelles éclairent le firmament nocturne.

Signification Époque de prise de décisions et de choix des priorités. Concentrez-vous sur ce que vous voulez réellement dans la vie et sur ce dont vous devez vous débarrasser, spécialement s'il s'agit de choses obsolètes qui ne correspondent plus à vos besoins.

Points essentiels de la lecture Toutes les choses doivent changer et évoluer. Même si vos outils et savoir-faire sont parfaits, de nouveaux défis et obstacles peuvent exiger une autre réflexion et un apprentissage différent. En étant utilisés constamment, les arcs s'usent et finissent par se briser. Les flèches se déforment et perdent de leur force et précision. Le changement est une partie naturelle du processus de renouvellement. Bien qu'il puisse être douloureux (la douleur apporte le changement et le changement apporte la douleur), il doit être vu comme un tour positif de la Roue, nécessaire pour qu'une nouvelle vie commence. Il est vital d'accepter la disparition de ce qui est vieilli et usé et de préparer le terrain pour la nouvelle croissance. Les pousses et les plants de printemps manqueront de lumière et de nutriments si le sol n'est pas dégagé. Les vieilles branches et souches doivent être enlevées pour faciliter les adieux à un outil ou un concept devenu obsolète. En écartant ce qui n'est plus utile et en nettoyant les lieux pour bien accueillir et accepter le changement, le processus de guérison sera facilité par les sentiments de soulagement et d'acuité.

HUIT D'ARCS

Feu de l'âtre

Huit d'Arcs ✤ *Feu de l'âtre*

Description Dans un campement d'hiver dans la forêt, éclairé par les flammes dansantes d'un grand feu de rondins, huit personnages sont réunis autour de l'âtre. Le groupe joyeux lève ses coupes, se congratule et rit, baignant dans la chaleur partagée de la camaraderie et de l'harmonie induites par la loyauté inébranlable des amis de toute une vie.

Signification Le feu de l'âtre offre chaleur et lumière au cœur de l'hiver. La chaleur de la vie, de l'amour et de l'amitié est généreusement partagée. Il y a là un désir sincère de célébration, de sécurité et d'harmonie partagé avec des compagnons et des âmes sœurs. Cela conduit aussi à la paix intérieure et aux sentiments de bien-être et de satisfaction personnelle.

Points essentiels de la lecture L'espoir conduit à l'aboutissement des rêves, des désirs et de la sécurité les plus secrets, nourrissant l'âme de foi en vous, en vos valeurs et en la justice naturelle. C'est une bénédiction de communier avec un groupe d'amis et de parents à toute épreuve et fidèles à un code moral, à des convictions ou un mode de vie communs. La réunion d'un groupe d'amis et de parents dans un lieu de signification émotionnelle, de symbolisme et de sécurité partagés est une expérience puissante. Elle reconnaît la conscience solidaire de l'esprit humain et les expériences rattachantes qui évoluent et grandissent avec des camarades et des parents, qu'il s'agisse de famille ou des gens que la vie a réunis au hasard. Nous célébrons notre endurance, notre survie, notre épanouissement et notre croissance grâce au soutien et à l'assistance de la tribu de notre choix. Le moment est venu de vous montrer reconnaissant, d'exprimer l'amour et de le recevoir. C'est également un état émotionnel d'être qui dit : « Je révère le feu qui a forgé ces relations et je rends grâce pour l'amour durable. »

Neuf d'Arcs ✿ Respect

NEUF D'ARCS

Respect

Description Le Wodwose sauvage et terrifiant traverse votre chemin en brandissant un arc rudimentaire. Beaucoup de légendes anciennes du monde entier mentionnent les grands hommes sauvages poilus de la forêt. Il met au défi notre engagement et notre courage de poursuivre sur le chemin choisi.

Signification L'approche du cœur d'une quête sacrée met au défi la motivation et l'intégrité des désirs humains. La sagesse ancienne exige que l'individu engagé dans cette quête soit humble et clément. Pour continuer le chemin vers l'illumination, il faut respecter les autres et l'environnement. Il n'y a pas d'accomplissement sans relever le défi.

Points essentiels de la lecture Le chemin à travers la Forêt enchantée n'est pas dépourvu de demandes et de défis. En entrant dans un tel environnement, on doit être préparé à faire face aux dangers naturels. Faire montre d'empathie envers l'environnement et être prêt à le traiter avec respect et esprit pratique, c'est apprendre une autre leçon. Si nous regardons plus attentivement la signification des forces bloquant notre chemin, nous constatons souvent que nous avons contribué au problème et attiré ces énergies négatives par un manque d'autodiscipline ou des erreurs dans le passé. L'admission des échecs ou des défaites du passé et l'avancée dans la vie avec un regard positif et la sagesse accumulée par des efforts est le signe d'un esprit évolué. Le Wodwose nous rappelle de traiter les difficultés de la Forêt enchantée avec patience et compassion, portant chaque cicatrice ou blessure subie au cours du voyage comme une médaille d'honneur, gagnée suite au courage intérieur, à l'engagement et à la foi dans la justice naturelle.

DIX D'ARCS

Responsabilité

Dix d'Arcs ♣ *Responsabilité*

Description Un personnage solitaire porte sur son épaule un ballot de dix bois d'arc. Il avance stoïque et déterminé avec son lourd fardeau vers un campement de la forêt où l'attendent des chasseurs et des guerriers. Le feu brûle pendant que l'homme suit le sentier sinueux de la forêt vers la lueur rassurante de la sécurité et de la camaraderie.

Signification La responsabilité entraîne le besoin de force d'âme, de vigueur et de détermination. Le fardeau est lourd et encombrant, mais la tâche qui vous a été confiée est vitale pour le plus grand bien, pas seulement le vôtre, mais aussi celui de votre famille ou de votre tribu.

Points essentiels de la lecture Que vous vous soyez porté volontaire pour la tâche ou qu'elle vous ait incombé suite à des circonstances imprévues, le moment est venu d'en accepter la responsabilité. Faites-le avec bonne humeur et détermination inébranlable et accueillez tout défi intimidant avec humilité et enthousiasme. Bien que le moment puisse être mal choisi ou inapproprié, la responsabilité est souvent une question de simple confiance en soi. La courbe d'apprentissage peut être abrupte et sembler insurmontable, mais une fois la tâche parfaitement comprise et l'effort fait, on peut assimiler beaucoup de leçons précieuses de vie. La prise de responsabilité dans votre famille ou votre tribu peut avoir des conséquences dépassant votre sphère personnelle. En prenant la tête et en assumant la responsabilité des échecs ou des actions inappropriées du passé, vous neutralisez le doute de soi ou les sentiments d'insuffisance. La confiance que vous accordent vos pairs est un honneur et un signe de respect, car ils savent que vous vous engagez pleinement dans cette tâche, jusqu'à sa complétion. Cela doit soutenir et fortifier votre sentiment de valeur personnelle et de respect de soi.

SUITE DE PIERRES

J'ai appris cela, au moins, par mon expérience ; si on suit avec confiance ses rêves et si on tente de vivre la vie telle qu'on l'a imaginée, une réussite étonnante arrivera.

HENRY DAVID THOREAU

Position sur la roue

La période d'hiver allant de Samhain à Imbolc, à travers le solstice d'hiver.

Élément

TERRE

Associations

Accomplissement • Possessions • Sécurité matérielle • Savoir-faire pratique • Facultés physiques • Ambitions dans le monde • Existence dans le monde.

ROI DE PIERRES

Loup

Position sur la Roue

Départ de Samhain

Roi de Pierres ✿ *Loup*

SIGNIFICATION Révéré comme un pisteur et un chasseur impitoyable, le Loup, déjà présent sur les gravures rupestres, a été chargé d'un symbolisme particulier pendant des milliers d'années. À l'aise dans l'obscurité et le froid de l'hiver, il était tenu pour un gardien des morts lors de leur voyage nocturne vers l'autre monde.

POINTS ESSENTIELS DE LA LECTURE L'amour de la terre et du monde naturel guide la plupart de vos actions. Pour faire des choix de vie, vous regardez souvent la sagesse des autres et les valeurs traditionnelles. La sécurité apporte le plaisir ; la loyauté récompense tout effort.

Sentiers et chemins

Négoce • Spéculation • Facultés mathématiques • Loyauté et conservatisme • Fermeté • Santé robuste • Détermination

REINE DE PIERRES

Ours

Position sur la Roue
Approche du solstice d'hiver

Reine de Pierres ✿ Ours

Signification L'ancêtre lointain de l'ours moderne, l'ours des cavernes, hibernait dans des grottes durant le froid hiver nordique. Les hommes de Néandertal y enterraient son crâne et habitaient même ces grottes durant certaines périodes. Souvent mentionné dans la légende arthurienne, l'Ours reste un symbole de pouvoir et de protection de la terre.

Points essentiels de la lecture La richesse et l'abondance vous entourent. Votre nature généreuse et accueillante vous rend populaire. Beaucoup de personnes dépendent de vous, et votre sensualité naturelle vous rend très attirant aux yeux d'autres. Le pragmatisme et la générosité ouvrent toutes les portes.

Sentiers et chemins
Pouvoir et générosité • Exactitude • Individu exigeant • Confiance • Franchise • Assurance • Prospérité

CAVALIER DE PIERRES

Cheval

Position sur la Roue
Traversée du solstice d'hiver

Cavalier de Pierres ✤ *Cheval*

SIGNIFICATION Le cheval préhistorique apparaît souvent sur les peintures rupestres paléolithiques. Le dessin vieux de trente mille ans d'un sabot non ferré est tenu pour représenter tant la vulve (début de la nouvelle vie) que l'empreinte primordiale montrant la voie dans la forêt.

POINTS ESSENTIELS DE LA LECTURE L'activité saine et autosuffisante empreint votre chemin. La force physique soutient vos décisions et le plaisir est important. La hardiesse, la fierté et l'amour de la Terre vous ont conduit à tenter les exploits les plus étonnants. Laissez le Cheval vous porter.

Sentiers et chemins
Activité • Gentillesse et obligeance • Persévérance • Bienfaisance • Allié parfait • Profit • Compréhension rapide de l'essentiel

VALET DE PIERRES

Lynx

Position sur la Roue
Départ du solstice d'hiver vers Imbolc

Valet de Pierres ♣ *Lynx*

Signification Vivant encore dans les montagnes boisées d'Europe, le Lynx est l'une des créatures au sommet de la chaîne alimentaire. En raison de sa vitesse et de sa ruse, combinées à sa capacité à escalader les arbres, c'est un formidable chasseur, ainsi qu'un féroce protecteur de ses petits.

Points essentiels de la lecture Faites attention au monde physique et soyez conscient des effets de toutes vos actions. Un brin de sauvagerie et de manque de prévoyance peut parfois entraver votre avancée, mais une réflexion soigneuse rétablira l'équilibre.

Sentiers et chemins
Étude et érudition • École • Apprentissage • Démarrage • Attention • Réflexion • Méditation • Observation des autres

AS DE PIERRES

La Base de la vie

As de Pierres ✿ La Base de la vie

Description Un haut rocher taché de lichens émerge du sol. En tête de lance, il est recouvert de marques en coupes-et-anneaux. Au centre, on voit le dessin familier du labyrinthe présent sur d'autres lames du jeu. Derrière lui, les arbres forment un cercle respectueux.

Signification L'acte le plus puissant du mental est la conception d'une idée et sa manifestation dans la réalité matérielle. C'est la capacité de formuler et d'organiser vos pensées pour susciter un changement dans le monde réel ou traduire à la réalité un vœu, un rêve ou un désir.

Points essentiels de la lecture Le concept de monde matériel immuable a évolué avec notre compréhension du cosmos. Les êtres humains semblent posséder la faculté unique d'interagir avec le monde matériel tout en ayant un pied dans le monde du mental, de l'imagination et de la volonté créative. Être connecté à la Terre et au pouvoir y résidant permet de puiser dans cette source primordiale et de diriger le pouvoir du mental vers l'induction de changements dans notre monde. Le concept affirmant que le domaine de la matière et le domaine du mental sont totalement séparés et détachés est maintenant obsolète et son inexactitude, démontrée. Le rocher primitif est orné de marques anciennes en coupes-et-anneaux, symbolisant l'émergence de la création et les cycles des énergies dans la conscience universelle et le point immobile et stable à partir duquel planifier et charger en énergie votre vie, réalisant vos rêves matériels.

Deux de Pierres ✤ *Défi*

DEUX DE PIERRES

Défi

Description Deux pierres rongées par les âges apparaissent côté à côté à la lisière des arbres. Un lièvre se tient sur chacune, se bagarrant furieusement. Des gerbes d'énergie sortent d'eux, manifestations de leur pouvoir et de leur force.

Signification Les femelles se battent pour dominer et défendre un territoire, donc pouvoir se reproduire. Après avoir puisé dans votre énergie ancrée pour vous charger en pouvoir, un statut peut être mis au défi ou une lutte pour le contrôle, initiée par les autres. Apprendre à affronter calmement la rivalité ou l'adversité est un savoir-faire utilisable à votre avantage.

Points essentiels de la lecture Beaucoup de défis ou de rivalités naissent des problèmes d'insécurité et des difficultés subconscientes avec les pairs et les collègues. Ce sont généralement ces émotions plutôt que la mauvaise volonté qui provoquent le comportement méfiant ou le sabotage de vos efforts perpétré par un rival. Dans le monde matériel moderne, où on met tellement l'accent sur l'étalage du pouvoir ou de la richesse, c'est souvent la perception qu'on a de la position ou du statut qui enflamme la jalousie plutôt que la réalité d'une situation. À de tels moments, vous parvenez à tenir ferme et à défendre votre position en maintenant le contact avec les motivations pures et positives et en vous reposant sur l'intégrité et la sincérité personnelles, bases de toute récompense matérielle ou de tout avancement juste et durable. Un certain degré de compétition et de différence d'opinion est productif, même bénéfique. Restez concentré sur vos objectifs et efforcez-vous de mener à bonne fin un plan ou un projet de manière éthique.

TROIS DE PIERRES

Créativité

Trois de Pierres ✿ *Créativité*

DESCRIPTION Un immense trilithe s'élève parmi les taillis et les rochers. Sur le pilier de gauche, on voit le dessin d'un grand aurochs pareil aux peintures rupestres de France, sur celui de droite, un cheval de Prjevalski. Entre eux, une main posée sur chacun, se tient la Femme verte. Des racines d'énergie se déploient de ses pieds, lorsqu'elle puise dans la force des pierres et de la terre.

SIGNIFICATION Un artiste écoute sa voix intérieure et entend le chant du vent de l'univers. Le courage, la liberté et le savoir-faire qui lui permettent de se faire l'intermédiaire de cette énergie doivent être affinés et concentrés pour arriver à une réalisation efficace et significative.

POINTS ESSENTIELS DE LA LECTURE La manifestation pratique de l'énergie créative a besoin d'un canal clair, ouvert aux forces et aux pulsions inspirantes de l'univers. Permettre à cette énergie de vous traverser est un cadeau riche et bénéfique en soi. Tout comme donner libre essor à vos rêves et à vos désirs dans la conscience universelle suscite toujours une réaction, laisser s'envoler l'énergie créative procure à l'artiste le combustible curatif et enrichissant à partir duquel il tirera d'autres inspirations visionnaires. Cette relation émotionnelle et spirituelle avec inspiration divine permet au subconscient d'aller plus loin et de faire venir le pouvoir créatif intuitif qui réalise le travail. La beauté de l'art prend bien des formes et se présente sous des aspects très divers, mais la relation avec l'énergie formative subconsciente, que ce soit à travers la musique, la peinture, la sculpture ou la poésie, nous rappelle la connexion personnelle et intime que nous devons tous partager avec la conscience universelle.

QUATRE DE PIERRES

Protection

Quatre de Pierres ✿ *Protection*

DESCRIPTION Un faon qui vient de naître s'abrite sous un dolmen pendant que le soleil estival monte, baignant la terre d'énergie. Ses rayons ardents éclairent un ciel bleu foncé où brillent encore les étoiles. Sur chaque pierre est peint le symbole de l'un des tumulus de l'âge du bronze – un losange, un cercle solaire et un éclair fourchu.

SIGNIFICATION Le soleil qui vient de se lever apporte espoir et vitalité renouvelée aux personnes vulnérables. Abriter et protéger les faibles ou les blessées spirituellement sont une responsabilité qui incombe à tous.

POINTS ESSENTIELS DE LA LECTURE Beaucoup d'épreuves nous attendent dans la vie. Être capable de les surmonter est le signe d'un cœur fort et d'un esprit sain. La découverte d'un personnel de sécurité émotionnelle exige de la patience et une consécration ferme à la quête. La lumière de la vie et de l'amour brûlera toujours vivement en ceux qui ont affronté l'adversité et ont connu la perte. En nous reposant sur une base de convictions, de limites et de savoir-faire éthiques, nous avons la certitude d'être en sécurité, en cas de besoin, de par la connaissance de soi et la confiance en soi. Identifier ceux qui ont besoin d'aide et éprouver de la compassion pour eux sont tout aussi importants. Toutefois, même si la tempête ébranle notre abri protecteur intérieur, nous devons garder la foi : le soleil se lèvera de nouveau pour tous les individus en danger, leur offrant de nouvelles occasions et récompenses spirituelles. Telle est la loi du karma : tout acte de protection altruiste et de compassion pour les personnes dans le besoin recharge le guerrier spirituel d'un sentiment de paix et de divinité rarement rencontré dans la vie ordinaire.

CINQ DE PIERRES

Endurance

Cinq de Pierres ✿ *Endurance*

Description Un enfant vêtu d'une simple peau est assis dans l'ouverture de la grotte, regardant le ciel sombre illuminé par les éclairs. Un petit feu brûle devant lui et, à sa lueur, nous apercevons quatre fissures profondes qui divisent les parois de la grotte en cinq blocs massifs.

Signification Pour vous protéger et survivre aux défis de la vie, il faut de la force intérieure et du courage. Cela peut indiquer un éloignement du traumatisme en vue de vous concentrer sur la résistance émotionnelle.

Points essentiels de la lecture De toutes les qualités que doit posséder un guerrier ou un chercheur spirituel, l'esprit et la volonté de résister sont les plus importants. Le voyage de la vie comportera des épreuves et des défis difficiles. La vie est un sport de contact et il y aura des contusions. L'envie et la volonté de survivre et de se remettre des contretemps sont vitales et nécessaires. Selon la légende, Robert Bruce, poursuivi par les soldats du roi Édouard Ier en Écosse, s'était abrité pendant trois mois de l'hiver de 1306 dans une grotte. Il avait été vaincu dans la bataille, avait vu ses frères exécutés et sa sœur capturée. La seule compagne de Bruce dans cette grotte avait été une araignée qui tentait obstinément de tisser sa toile à travers l'ouverture balayée par les vents. Maintes fois, le vent avait déchiré sa toile, mais l'araignée avait fini par la faire résister à la tempête. Garder un mental solide et un sens de l'humour est le plus important pour notre santé, tout comme on sait que le soleil se lèvera sur un jour riche d'occasions.

Six de Pierres ♣ Exploitation

SIX DE PIERRES

Exploitation

Description Deux personnages affligés, en haillons, un vieillard et une jeune fille, se tiennent près d'une rangée de ruches abandonnées, tendant des bols vides. Des outils agricoles brisés parsèment le sol. Entre les arbres dénudés on aperçoit les champs voisins, arides et désolés. Au loin, la fumée monte des récoltes abîmées incendiées.

Signification Le gaspillage égoïste ou insensé des ressources non renouvelables provoque des déséquilibres dans le domaine professionnel ou sur les marchés, qui endommagent l'environnement et les gens.

Points essentiels de la lecture L'exploitation préjudiciable des ressources planétaires que fait l'humanité est motivée par la fausse conviction qu'elle en a le droit. Maintenant que nous commençons à prendre conscience des effets profonds du changement global du climat et de ses conséquences irréversibles pour la vie de nos enfants, l'humanité n'a toujours pas trouvé le moyen de nourrir les millions d'êtres humains qui naissent chaque année. La manière de financer l'éducation, la santé et les besoins sociaux des générations futures semble une question trop douloureuse pour être même abordée. Avec l'effondrement des systèmes financiers et des mécanismes de garantie et la perte de confiance dans la capacité des gouvernements de dire la vérité et d'agir avec intégrité, nos codes moraux collectifs et les « normes » culturelles jadis familières entraînent un stress énorme. Nous devons être tous conscients du prix que payeront nos enfants pour notre exploitation des ressources de la planète.

SEPT DES PIERRES

Guérison

Sept de Pierres ✤ Guérison

DESCRIPTION La Femme verte est assise en tailleur au centre d'un cercle de sept pierres plates rongées par les intempéries. Un homme en habits de chasseur est allongé sur le sol devant elle. La Femme verte tend les mains sur son corps, paumes tournées vers le bas, doigts lançant des rayons d'énergie.

SIGNIFICATION Après une maladie ou un dommage physique ou émotionnel, une période de repos intérieur et de régénérescence est nécessaire. La guérison patiente et paisible vient d'une source spirituelle. La complétude et le rétablissement suivront une grave blessure physique ou émotionnelle.

POINTS ESSENTIELS DE LA LECTURE L'une des étapes les plus intenses de la guérison de tout traumatisme émotionnel ou physique est le pardon. Dans le cas d'un problème relationnel, nous nous accrochons souvent à la douleur, pensant par erreur que cela nous gardera proches de sa source. Parfois, nous nous accrochons au sentiment de perte, de solitude et de trahison associé à l'échec de la relation. Lorsqu'on questionne ses propres motifs et actions, le regret apparaîtra aussi, associé à ces sentiments. Néanmoins, si vous avez agi avec intégrité et sincérité, nul besoin de regretter, car ce sera une perte d'énergie et de focalisation curative. Si le regret est présent, vous devez vous efforcer de comprendre ses causes sous-jacentes. L'acceptation accompagnée de pardon de soi est l'un des éléments inhérents à la guérison de toute situation, permettant de tourner la page. Nous ne sommes ni parfaits ni omnipotents et, donc, nous faisons des erreurs. L'acceptation de ces simples vérités peut apporter la guérison à l'âme qui souffre.

HUIT DE PIERRES

Savoir-faire

Huit de Pierres ✤ *Savoir-faire*

Description Un homme vêtu de peaux est assis dans une grotte, taillant une pierre. Autour de lui, sur le sol, on voit les sept objets qu'il a déjà façonnés. Sur une paroi, l'empreinte d'une main – sa signature. Trois lampes éclairent la scène et jettent des ombres.

Signification Vous avez la capacité d'utiliser votre savoir-faire pour réaliser les travaux nécessaires, ainsi que pour trouver l'amour. Parfois, une concentration et un engagement intenses sont requis.

Points essentiels de la lecture Depuis que les hommes ont commencé à marcher sur la Terre, nous avons affiné et exercé notre dextérité dans l'ensemble des arts et des pratiques ésotériques. Nous disposons de la conscience et de l'autodiscipline nécessaires pour développer de nouveaux savoir-faire permettant d'affronter des défis inédits et de faire face aux situations les plus terribles. Qu'il s'agisse des savoir-faire utiles pour préserver la vie et chasser des proies parfois dangereuses ou de l'entretien des cultures pour le bien de la tribu ou du village, les hommes se sont constamment efforcés d'inventer d'autres cadres sociaux, concepts scientifiques ou philosophiques, outils et équipements pratiques. De telles découvertes imposent de maîtriser des connaissances novatrices pour améliorer la tribu ou la société. Cette capacité humaine unique exige de la patience, de la persévérance et, plus que tout, de l'autodiscipline. L'acquisition de techniques impliquant imagination et flair artistique demande de passer du temps à apprendre et à définir la nature de l'expression personnelle. La maîtrise de toute compétence fait appel au divin pour bénir l'effort et l'énergie mis dans le processus.

NEUF DE PIERRES

Tradition

Neuf de Pierres ✤ *Tradition*

DESCRIPTION Le chaman portant des andouillers, image visible sur le chaudron de Gunderstrup, mains levées, l'une tenant le serpent de sagesse, l'autre le torque de seigneur, est assis en tailleur devant un cercle de neuf monolithes. La scène est éclairée par la pleine lune en train de se lever.

SIGNIFICATION La révérence pour la sagesse et le sacrifice du passé. La capacité de se rapporter au savoir ancien et de transmettre les leçons de la mémoire et du rituel ancestraux.

POINTS ESSENTIELS DE LA LECTURE Chaque fois que nous remontons le temps avec révérence et respect sincères, en quête d'inspiration et de sagesse, nous communions directement avec la mémoire ésotérique et pratique de l'espèce humaine. Les mythes, les rituels et les traditions des tribus anciennes ont laissé leur empreinte sur la psyché humaine. Que vous le teniez pour un effet de la résonance morphique ou pour un écho spirituel des vies passés consacrées à la révérence de l'autre monde, les traditions mystiques ont une véritable signification dans laquelle vous pouvez puiser, même dans notre monde trépidant moderne. L'étude des traditions mystiques de jadis permet de voir à quel point nous sommes étroitement liés au passé et combien nous avons peu changé en tant qu'espèce. Nous sommes encore dirigés par les mêmes peurs et besoins primordiaux que les premiers hommes. Nous regardons encore le ciel nocturne avec émerveillement et révérence mêlée de crainte. Nous regardons encore l'océan en sentant l'attrait de l'inconnu. Inviter les traditions du passé à éclairer et à enrichir votre vie c'est puiser dans les forces anciennes accessibles à tous ceux en quête de sagesse, de subsistance et de consolation.

Dix de Pierres ♣ *Maison*

DIX DE PIERRES

Maison

DESCRIPTION Une grande arche formée par dix pierres usées par les intempéries encadre l'image. À travers cette ouverture, nous apercevons une maison ronde de l'âge du fer et le sentier qui y conduit. Un énorme pommier monte depuis son toit en chaume. Les deux pierres les plus basses de la grande arche sont ornées de la gravure rudimentaire d'un homme et d'une femme.

SIGNIFICATION La communauté intérieure et extérieure qui soutient l'individu, pas forcément sa famille mais les amis de confiance, les camarades et les amoureux qui apportent sécurité et affection.

POINTS ESSENTIELS DE LA LECTURE Le concept traditionnel de maison et de famille a évolué au fil de ces dernières décennies, mais certaines notions de base restent inchangées. Dans la famille traditionnelle, où le père travaille et la mère s'occupe des enfants, la maison était le lieu où nous revenions toujours, où régnait la stabilité, les traditions et les règles sociales solides. Elle était gardée et guidée par l'amour, le respect et la loyauté. Enfants, nous voyons la maison comme un lieu de sécurité et d'amour. Jeunes adultes explorant le monde, c'est tout endroit où on pose ses bagages. Plus tard, la maison peut devenir la citadelle et le sanctuaire de votre cœur. Pour certains, le concept de maison est juste cela : une idée, un espoir, un rêve, pas simplement un abri face aux éléments ou un investissement en briques et en plâtre. Pour d'autres, c'est la demeure de l'amour et la destination du voyage pittoresque ou ardu de la vie.

SUITE DE VASES

Même maintenant
Je sais que j'ai savouré le goût épicé de la vie
Levant les coupes vertes et or au grand festin.
Juste pour un petit moment oublié
J'ai eu le regard rempli de l'éclat
Le plus blanc de lumière éternelle de ma fille.

BILHANA

POSITION SUR LA ROUE

La période de Lammas à Samhain,
à travers l'équinoxe d'automne

ÉLÉMENT

EAU

ASSOCIATIONS

Émotions • Relations • Idylle • Compassion • Pardon • Instinct • Joie • Foi • Deuil • Existence du cœur

ROI DE VASES

Héron

Position sur la Roue
Départ de Lammas

Roi de Vases ✿ *Héron*

Signification Accueillant l'aube, souvent seul, le Héron est réputé être doté de perception psychique et de réflexion. Gardien de beaucoup de secrets ésotérique, il est censé se tenir au portail entre la vie et la mort et agir comme médiateur pendant le voyage de l'âme vers l'autre monde celte et la réincarnation.

Points essentiels de la lecture Une foi profonde dans l'équité, l'honnêteté et l'honneur, empreint tout ce que vous faites. Le tréfonds de votre personnalité, une fois mis en action, véhicule ces idées. Toutefois, votre admiration pour le contrôle de soi peut vous faire parfois paraître trop rigide.

Sentiers et chemins

Dons artistiques • Honnêteté et intégrité • Égalité résolue • Responsabilité • Considération des autres • Affection • Soutien et camaraderie

REINE DE VASES

Saumon

Position sur la Roue
Approche de l'équinoxe d'automne

Reine de Vases ✿ *Saumon*

Signification Sacré dans la plupart des traditions chamaniques pour bien des raisons, le Saumon nage contre le courant vers son lieu de naissance pour frayer. Le voyage est épuisant et entraîne sa mort : le Saumon représente le sacrifice de soi et la sagesse. Pour les Celtes, le Saumon demeurait dans un bassin entouré de noisetiers, se nourrissant des noisettes de sagesse qui y tombaient en automne.

Points essentiels de la lecture Très gentil et affectueux, l'esprit de la Reine puise dans la grande honnêteté, générosité et sacrifice de soi qu'elle voit en vous. Elle apporte la joie dans les lieux les plus sombres et s'attaque aux problèmes les plus difficiles avec grâce et courtoisie.

Sentiers et chemins

Vertu • Gentillesse • Simplicité et consécration • Individu affectueux • Chérir ou dorloter • Enjouement et rétablissement • Sécurité

CAVALIER DE VASES

Anguille

Position sur la Roue

Traversée de l'équinoxe d'automne

Cavalier de Vases ✤ *Anguille*

SIGNIFICATION L'Anguille confère une grande sagesse et a une réputation de protectrice. Un mythe irlandais raconte que certaines anguilles peuvent se transformer en armes dans les mains du guerrier. Le nom de la célèbre lance de Cuchulainn, *Gae Bolga,* évoque l'Anguille, et la déesse de la guerre Morrigan assumait cette forme dans la bataille. L'Anguille nage à travers les racines plongeant dans l'eau.

POINTS ESSENTIELS DE LA LECTURE Votre destin est défini avec intention pure et vous effectuez vos tâches avec sagesse et maturité. Lors d'une quête de révélation personnelle, votre vision vous fera avancer. Vos sentiments profonds sont exprimés constamment.

Sentiers et chemins

Attrait • Conquête • Séduction • Accueil • Conformité • Accord • Induction • Réunion • Union • Arrivée

VALET DE VASES

Loutre

Position sur la Roue

Approche de la saison de Sambain

Valet de Vase ✿ Loutre

SIGNIFICATION Aussi à l'aise sur terre que dans l'eau, la capacité de la Loutre de se déplacer entre ces domaines – passage entre les mondes – l'avait rendue particulièrement sacrée pour les Celtes. Elle apparaît aussi comme l'un des plus anciens animaux dans le récit du sauvetage de l'enfant dieu Mabon.

POINTS ESSENTIELS DE LA LECTURE Rêveur et visionnaire, vous tissez un charme auquel peu arrivent à résister. Votre loyauté, dévouement et sens du fair-play vous distinguent en tant qu'individu dont la volonté est modérée par une compréhension profonde de l'autre monde.

Sentiers et chemins

Loyauté • Dévouement • Étude • Désir de servir • Vision et contemplation • Coopération • Perspicacité

As de Vases ♣ Les Eaux de la vie

AS DE VASES

Les Eaux de la vie

Description Un cerf abaisse sa tête royale pour boire dans un ruisseau sur lequel flotte un cygne et une barque minuscule en forme de croissant de lune. Le filet d'eau tombant du grand chaudron de pierre nourrit le ruisseau, qui soutient le cygne et la barque et abreuve le cerf.

Signification Les eaux de la vie renferment la sagesse ancienne prête à être éveillée. Le bassin éclairé par la lune de l'âme universelle garde l'ensemble de la mémoire, parée à recommencer la quête inspirée.

Points essentiels de la lecture La suite de Vases représente le mystère primordial des émotions humaines. L'As se concentre sur l'essence même de ces caractéristiques puissantes mais transitoires. Depuis la préhistoire, les émotions ont été symbolisées par l'élément eau. Si loin que nous soyons arrivés, nous sommes encore en grande partie gouvernés par nos émotions et nos instincts. Le raisonnement, l'intellect et la science nous ont donné la maîtrise des océans et des cieux, mais le désir et la curiosité dirigent encore l'envie d'explorer, d'inventer et de bâtir. Les biologistes diront que nos émotions sont une manifestation du processus d'évolution, gouvernées par le système limbique ou le cerveau mammalien. L'influence que le cerveau reptilien ancien (sur lequel repose le cerveau mammalien) a sur nos réactions émotionnelles est encore un mystère. Pour des fins positives, nos émotions doivent être maîtrisées. La suppression de nos besoins émotionnels fondamentaux nous conduira à nous rebeller et à nous détacher. Rassemblez vos énergies émotionnelles et entretenez leur équilibre en vue d'une interaction saine, créative et affectueuse avec l'ensemble de la nature, y compris avec les énergies parfois irrationnelles et destructrices du genre humain.

DEUX DE VASES

Attirance

Deux de Vases ✤ *Attirance*

DESCRIPTION Deux personnages anthropomorphes, une femme à tête de cheval et un homme à tête de cerf, se font face, une main levée, une main abaissée. Leurs bras forment un losange, portant en son centre un cœur enflammé. De leurs mains abaissées, des filets d'eau tombent dans deux coupes posées sur un petit tertre situé entre eux.

SIGNIFICATION L'attirance initiale et l'exploration du potentiel. Le commencement d'une possible relation ou amitié et le précurseur d'un échange d'énergies polaires. L'opposition et l'harmonie dans la vie.

POINTS ESSENTIELS DE LA LECTURE La première étincelle partagée d'attirance entre deux êtres humains peut sembler simple à première vue, mais la chimie psychologique sous-jacente et le jeu subtil déclenchant ce premier échange magique sont complexes et éclectiques. En tant qu'êtres humains, nous recevons des millions de signaux et de messages subliminaux de ceux qui nous entourent, que nous traitons en permanence sans le savoir. Nous saisissons subconsciemment le langage corporel, les odeurs et la communication non verbale et y réagissons par des pulsions émotionnelles et des instincts développés au fil des millénaires. L'antipathie instantanée éprouvée à l'égard d'une personne est régie par la même série de commandes sensorielles gouvernant les hommes préhistoriques qui erraient dans la savane africaine ; « le coup de foudre » est aussi valable de nos jours qu'il l'était à l'époque. Nos perceptions et nos signaux sont partagés, reconnus et retournés à travers les barrières protectrices, faisant naître le lien initial qui est la base de l'attirance profonde et durable.

Trois de Vases ✿ Joie

TROIS DE VASES

Joie

Description Trois grues blanches dansent, formant un triangle avec leur corps et leurs ailes – deux se tenant face à face, tête levée, la troisième au-dessus d'elles, ailes déployées. On aperçoit trois vases entre leurs pattes : un doré, un vert et un blanc.

Signification La célébration dans un groupe ou une famille, l'accueil d'une nouvelle vie ou d'une nouvelle chance. Le retour d'une tribu ou d'un groupe d'une migration ou d'un voyage couronné de succès.

Points essentiels de la lecture La capacité de se connecter directement à la joie permet à la guérison et aux énergies dynamisantes de vous traverser et est un présent de l'univers. Être capable de se montrer joyeux et de célébrer pleinement la vie par gratitude pour les dons extraordinaires que nous partageons est une bénédiction tout à fait individuelle, reconnue cependant par ceux qui perçoivent sa chaleur rayonnant de nous. Accepter l'amour, les réalisations de la vie et la satisfaction accompagnant l'engagement altruiste à une cause ou à une conviction commune, c'est être le conduit dont jaillit le souffle invisible du divin. Souvent, les gens n'arrivent pas à ressentir la véritable joie à cause de la peur associée à la perte ou au chagrin. Parfois, nous devons nous accorder la permission d'être parfaitement satisfaits et connaître une fois de plus l'expérience de la joie et d'être assez forts et fermes pour comprendre que les tribulations de la vie, de même que ses bénédictions et ses cadeaux, ont une nature cyclique.

QUATRE DE VASES

Ennui

Quatre de Vases ✤ *Ennui*

Description Une femme est assise dans l'ouverture d'une grotte dans la posture typique de l'ennui, regardant dans le vide. À côté de l'entrée, une plante pareille à une vigne monte depuis deux vases, formant une arche enchevêtrée sur la roche. Deux autres vases d'où s'écoule un filet d'eau sont pris dans la luxuriance des plantes.

Signification L'apathie ou la paresse bloquent l'individu dans un cycle d'énergie gâchée, alors que la source d'inspiration attend tout autour. La maladie de l'âme.

Points essentiels de la lecture L'univers accueille avec faveur une dynamique de progression, l'ennui rend la personne inactive. Il y a bien des raisons de se sentir désillusionné ou piégé par la vie. Les causes du malaise et du sentiment d'être épuisé par la routine ou par le conflit sont innombrables, mais en dernière analyse la première étincelle de dynamisme doit jaillir de nous. Les personnes émotionnellement figées ou déconnectées deviennent des « trous noirs » de désespoir qui absorbent toute la lumière et l'énergie positive, sans les laisser revenir. Néanmoins, les clés ouvrant la circulation de l'énergie qui éclairera de nouveau l'individu sont presque toujours présentes, même si elles restent invisibles. Si vous posez une question à l'univers, il vous répondra. Il n'a pas le choix. La nature déteste le vide et mettra tellement d'occasions sur votre chemin que votre tête se mettra à tourner. Tout ce que vous avez à faire est de reconnaître et d'accepter les portes et de les traverser. Ne craignez pas le défi, saisissez l'occasion et utilisez-la jusqu'à ses limites naturelles.

Cinq de Vases ♣ *Extase*

CINQ DE VASES

Extase

Description Une femme danse en extase sur le fond d'un ciel étoilé, dans un pentacle tracé sur le sol. Elle tient dans une main un thyrse, dans l'autre une crécelle en cuir ornée d'un visage stylisé. Un collier en dents d'animaux oscille autour de son cou. Cinq vases sont placés sur les pointes du pentacle, chacun émettant une lueur pareille à la flamme d'une bougie.

Signification Le battement du tambour universel est entendu dans l'âme. Il est bon de s'y abandonner pendant un moment et de se joindre la danse. L'énergie est régénérée en se baignant dans la force de vie cosmique de l'extase jubilant et sincère.

Points essentiels de la lecture Le Vagabond dispose de beaucoup de possibilités pour communier intimement et extatiquement avec la grande beauté ou se laisser enivrer par l'intense connexion personnelle avec le divin. La musique, la méditation, l'art, l'amour, la danse ou une expérience sexuelle extraordinaire peuvent inspirer et induire la transe sacrée de l'extase de l'illumination. Cette conscience puissante et euphorique est un aspect parfaitement naturel et bien connu des traditions chamaniques. La transe extatique peut être déclenchée parfois par l'épuisement physique extrême ou le sommeil de la conscience superficielle, donnant accès à une compréhension plus profonde de tout ce qui existe. Malheureusement, le concept d'extase spirituelle a été dénaturé par la prise courante de drogues imitant (brièvement) la libération d'endorphines d'une extase authentique et naturelle. La transe extatique a été décrite comme une possession ravissante ou une union mystérieuse avec une exubérance sans âge. La fusion de l'être spirituel et du mental universel interne et aimant élève l'âme dans l'espace entre dimensions, où la poésie respire à travers vous et l'exultation et le calme coexistent sans effort.

SIX DE VASES

Réunion

Six de Vases ✿ *Réunion*

Description L'eau jaillit de l'entrée encadrée de dalles verticales de pierre d'un tertre vert couronné par un bosquet, pour former un bassin stagnant. Six petits vases y flottent, chacun rempli de lumière. Deux loutres surveillent la scène.

Signification Il y a de l'affection et de l'amour dans une situation dont le règlement exigera du temps. Reconnaissance de la mémoire ancestrale et de la réincarnation. L'amour polaire entre âmes sœurs.

Points essentiels de la lecture Une réunion émotionnelle peut parfois concerner un cycle karmique mystique faisant remonter les amoureux dans le temps, l'espace et les vies. Le but de cette « réunion des âmes » est multiple, entre autres mettre fin à des affaires inachevées ou enseigner de nouvelles leçons à partir d'actions anciennes ou de choix mauvais. Cette réunion peut aussi se rapporter à l'assemblée d'un groupe de camarades, des membres d'une tribu, d'un clan ou d'une fraternité acceptant leur lien. Il peut aussi s'agir de la réunion de l'individu et de sa véritable nature, en termes d'histoire ou d'expérience oubliée ou rejetée. En méditant sur une question ancienne avec une sagesse et une intuition nouvelles et une acceptation de la responsabilité personnelle et du pardon, on peut la corriger. Une re-fusion spirituelle d'une facette de la personnalité purifiant et chargeant en énergie est possible et aboutit à une union saine sur le plan de l'âme. Une réunion de cette nature est rassurante, car elle révèle si le chemin correct a été pris et si vos décisions ont été basées sur des instincts et des motivations valides et honnêtes.

Sept de Vases ♣ Deuil

SEPT DE VASES

Deuil

Description Un crâne humain orné d'une multitude de dessins dont spirales, zigzags et lignes ondulées, gît au pied d'un arbre. Autour de lui sont éparpillés les objets accompagnant habituellement les défunts : cinq coupes, une lampe à huile, un bol à offrandes.

Signification C'est le moment d'honorer les choses trépassées et de pleurer les choses disparues. Apprenez à laisser aller en rendant grâce pour les souvenirs précieux et en étant en paix avec le passé.

Points essentiels de la lecture Le deuil démarre le processus de rétablissement après un échec ou un décès. Ce processus peut même être inconscient, car souvent nous ne réalisons qu'au moment où les choses disparaissent à quel point elles comptaient pour nous. Le deuil sert à ritualiser le processus d'acceptation de la perte et à honneur la disparition de ce qui est significatif dans une relation personnelle. Il permet à la vague des émotions de monter et de retomber naturellement dans la psyché et offre un sentiment de complétion et de paix. Bien entendu, le deuil peut prendre du temps, parfois des années, et certaines pertes sont ressenties plus intensément que d'autres, car ce processus est très individualisé. En Irlande, la veillée mortuaire aide à gérer la perte en transformant le rituel en célébration de la vie et de ses réalisations. La célébration du voyage accompli et du début d'un autre fait partie du processus de deuil depuis l'aube des temps. Quelle que soit la perte, quelle que soit la personne pour laquelle prend place la veille, laissez-la s'en aller avec amour et honorez son passage par des souvenirs affectueux. Étreignez les beaux moments de la vie et ne les laissez pas passer sans une note de révérence pour une vie pleinement vécue.

HUIT DE VASES

Renaissance

Huit de Vases ✽ *Renaissance*

DESCRIPTION Depuis le milieu d'un ruisseau rapide, on aperçoit un vieux chaudron accroché à une grande chaîne. Dans les arbres le surmontant, l'eau et l'énergie s'écoulent de trois autres petits chaudrons, remplissant le grand chaudron, qui se déverse à son tour dans quatre vases posés sur les roches en dessous, avant de tomber dans le ruisseau.

SIGNIFICATION En regardant le passé, en acceptant nos erreurs et en apprenant d'elles, nous arrivons à une nouvelle sagesse. L'avenir attend d'être déployé par notre action positive à mesure que nous devenons le « huitième vase » et recevons les puissantes énergies régénératrices de la renaissance.

POINTS ESSENTIELS DE LA LECTURE Réjouissez-vous ! Une époque de renouvellement et de nouveau potentiel est là. Le cycle de renaissance et de guérison apporte paix intérieure et confiance. Lorsque vous acceptez l'idée que l'ensemble des bénédictions et des faveurs de la vie peuvent être vôtres ou qu'elles vous appartiennent déjà, la peur de demander disparaît. Le moment est venu d'abandonner le passé et d'accepter le grand potentiel du présent qui est à portée de main. Ne craignez pas de faire des erreurs. Ne craignez pas de demander : « Pourquoi pas moi ? » Voyez le potentiel là où les autres ne voient que des barrières. Voyez le défi quand les autres ne voient que le risque. Appliquez à tout problème ce que vous avez appris grâce à l'expérience et au travail ardu et vous réussirez. Vous vous êtes battu pour survivre et assimiler des leçons ; vous avez enduré la perte pour garder votre intégrité. Toutes ces épreuves vous ont rendu plus fort, plus sage et plus efficace. Buvez à cette nouvelle source d'occasions et renouvelez vos objectifs de vie. Vous avez supporté le passé, ses faveurs ont été méritées ; maintenant, le défi de l'avenir vous attend. Saisissez-le et façonnez-le tel que vous voudriez qu'il se manifeste dans votre vie.

Neuf de Vases ♣ Générosité

NEUF DE VASES

Générosité

Description Un personnage assis en tailleur, bras tendus comme pour bénir, laisser voler son énergie dans toutes les directions : vers le bas dans trois vases au-dessous de lui, vers le haut dans trois vases le surmontant, vers l'extérieur dans deux vases l'encadrant. Le neuvième vase est posé entre ses jambes. Il brille de la lumière et de l'énergie montant du chakra racine.

Signification Le chaudron spirituel du cœur ouvert de la nature accueille ceux qui approchent les eaux de la connaissance avec compassion. Ils peuvent profiter de la régénération.

Points essentiels de la lecture Lorsque nous atteignons l'apogée de notre prouesse, pouvoir et sécurité, il est facile d'oublier que la vie est cyclique et que durant les époques d'abondance nous profitons du produit des efforts et des épreuves du passé. L'agriculteur sage gère la bonne fortune en plantant des graines pour l'avenir et en aidant ceux connaissant des difficultés. Si elle est offerte avec bienveillance altruiste et humanité, la générosité vous sera toujours retournée multipliée par mille. Admettre et accepter que vous n'êtes qu'un simple conduit pour cette bénédiction abondante et enrichissante, la laisser vous traverser et pénétrer dans la vie d'autrui, permet à la bonne fortune de circuler et incite votre dynamisme positif à s'étendre aux autres. Lorsque vous offrez de votre temps, de votre aide et de votre énergie, la bénédiction divine vous entoure. Dans ce monde matériel et cynique, de telles choses semblent avoir peu de valeur, mais ceux qui ont fait l'expérience de ce processus comprennent que « la gentillesse est plus importante que la sagesse, et le reconnaître est le début de la sagesse », comme l'a dit Theodore Rubin, poète et écrivain américain.

DIX DE VASES

Bonheur

Dix de Vases ❖ *Bonheur*

Description Une cascade écume sur les rochers depuis un escarpement bas couronné d'arbres. La cascade se sépare en dizaines de filets d'eau qui tombent dans la rivière en dessous. Près du pied de la cascade sont disposés dix vases, que l'eau remplit et fait déborder.

Signification L'exaucement généreux des désirs venant d'une source pure et purifiante. Récompense de la patience et de l'amour offerts avec altruisme. Véritable stabilité émotionnelle et liberté.

Points essentiels de la lecture Grâce au calme profond du réel bonheur durable remplissant votre vie, un sentiment de retour chez soi, de sécurité et beauté se dégage de l'individu qui éclaire la vie des autres et se transmet à tous. Les rayons curatifs de l'affection et de la chaleur rayonnent de votre âme. Les amoureux sont remplis de la joie du partage et de la compréhension du soutien tendre et intime. Offrir l'amour et le voir dans le regard de la personne aimée est la magie la plus puissante et curative connue du genre humain. Chez les personnes appréciant la satisfaction due à la réalisation des objectifs de vie et des ambitions, le bonheur est alimenté par le sentiment d'affirmation de sa valeur personnelle et de ses idéaux. L'efficacité et la productivité pratiques apportent un sentiment de stabilité qui peut être partagé et utilisé comme un véhicule pour motiver et inspirer les autres. Aucun acte d'humanité n'est plus notable que montrer à quelqu'un la possibilité du bonheur. Si fort que nous aimons, quelle que soit la hauteur de nos réalisations, nous sommes émotionnellement vivants seulement en acceptant que la vie exige de donner aussi bien que de recevoir. À mesure que nous nous délectons dans l'extase du voyage, nous nous rappelons avec gratitude la patience, la sagesse et la synchronicité qui ont fait venir cette bénédiction dans notre vie.

TROISIÈME PARTIE

TROUVER VOTRE CHEMIN

Travailler avec les lames

Regardez attentivement et délibérément chaque chemin, puis posez...
cette question critique : Ce chemin a-t-il une âme ?
Si c'est le cas, le chemin est bon.
Si ce n'est pas le cas, il n'est pas utile.

CARLOS CASTANEDA

Chaque personne a une méthode préférée pour étaler les lames, et bien que *Le Tarot de la Forêt enchantée* puisse être utilisé avec n'importe lequel des étalements traditionnels, nous vous encourageons à faire des expériences. Voici quelques brèves observations qui vous aideront à mieux comprendre le jeu et trois étalements qui vous conduiront plus loin dans la Forêt enchantée.

Avant de commencer une lecture, pour vous ou pour une autre personne, trouvez un endroit tranquille, sans téléphone qui sonne ou distractions perturbant la réflexion. Si vous débutez et n'avez aucune expérience du Tarot ou si vous êtes habitué au système traditionnel et ne connaissez rien au chamanisme, vous trouverez peut-être utile de tenter soit l'exploration des archétypes de la Forêt enchantée à travers la Roue de l'année (pages 26 à 33), soit la visualisation de la grotte de l'Hermite (pages 151 à 154). Si vous êtes familiarisé avec les concepts du jeu de la Forêt enchantée, vous apprécierez de travailler avec eux comme pour saluer des amis de longue date ou vous faire de nouveaux amis. La visualisation peut aussi être effectuée au grand air, spécialement en forêt !

Il n'y a pas de règles fixes quant à l'étalement des lames. Un de nos préférés est l'étalement de sept lames, puis le partage du reste du jeu en sept piles afin de changer l'ordre précédent des lames. C'est une nouvelle création symbolique de l'univers intérieur et extérieur et la disposition du destin d'une manière inédite, influencée par votre propre volonté. Ce rituel simple aide aussi à apaiser le mental et à entamer le processus de méditation avant le début d'un voyage intérieur à travers le monde des lames.

Ensuite, on choisit un « significateur » pour représenter la personne ou la situation concernée. Ainsi, la psyché sera focalisée sur le problème en cours et le mental n'errera pas durant la séance. Battez les lames en visualisant le problème ou la question jusqu'à ce que vous perceviez instinctivement un « verrou » vous disant d'arrêter. La meilleure manière d'y parvenir est d'être détendu mais concentré sur le problème et d'attendre que votre mental ait une image claire de la situation ou que la question soit formulée avec justesse en paroles. Vous saurez alors que vous êtes prêt.

Disposez les lames dans l'étalement qui vous convient. Parfois, une seule lame suffit pour connaître immédiatement une humeur ou pour rassurer durant une période stressante. Cependant, pour un conseil plus précis, un étalement plus complexe est requis en vue d'obtenir un aperçu des aspects cachés ou plus subtils du dilemme ou de la question. Pour commencer, voici un étalement simplifié qui vous aidera à trouver une réponse rapide et directe.

2
ACTION À ÉVITER

1
LE PROBLÈME

3
ACTION À EFFECTUER

L'Étalement du chemin

Commencez en considérant très soigneusement votre question. Battez le jeu, puis tirez trois lames et posez-les face vers bas. La lame centrale représente la question ou le problème. Retournez-la. Semble-t-elle se référer à la question posée ? Comment se rapporte-t-elle au problème ? Les deux autres lames représentent l'action à éviter et l'action à effectuer. Retournez la lame de gauche (Action à éviter). Quel conseil offre-t-elle ? Retournez la troisième lame (Action à effectuer). Suggère-t-elle un moyen d'avancer ou un blocage qui doit être traité ?

Regardez les trois lames et la manière dont elles se rapportent l'une à l'autre, ainsi qu'au problème. Répondent-elles à votre question ? Si ce n'est pas le cas ou si la réponse est trop simple ou peu claire, essayez l'un des étalements plus avancés, conçus pour donner plus de détails et permettant de vérifier la validité des résultats de l'Étalement du chemin.

2 I 3

Voici une lecture simple utilisant l'Étalement du chemin.

Jim essayait de décider s'il devait chercher de nouveaux partenaires pour sa petite entreprise en plus de ceux qu'il connaissait et qui le connaissaient. Il a tiré trois lames. Au centre, **le Cerf** suggérait qu'il devait savoir si le nouveau partenaire le respecterait et se comporterait honorablement dans les affaires. La deuxième lame, **la Lune sur l'eau**, représentait les actions à éviter, suggérait qu'il ne devait pas laisser les émotions, les peurs ou les fantasmes affecter trop sa décision. La troisième lame, **le Voyant**, représentait les actions à encourager. Jim la tenait pour un signe que le nouveau partenariat le conduirait à une relation plus constructive avec ses partenaires, actuels et à venir, et que leur vision collective améliorerait les choses. Avec ce conseil à l'esprit, il a choisi d'inviter les nouveaux partenaires à le rejoindre, ce qui a immédiatement amélioré la productivité et les perspectives de sa société.

L'Étalement de l'Arc

L'Étalement de l'Arc convient pour des problèmes clairement définis exigeant une action spécifique et simple, mais qui sont compliqués par d'autres énergies ou éléments. Il vous permet de viser directement la cible – la solution ou la réponse recherchée. Le diagramme ci-dessous présente chaque élément de l'arc combiné avec l'énergie des lames, le tout décochant une flèche au cœur du problème.

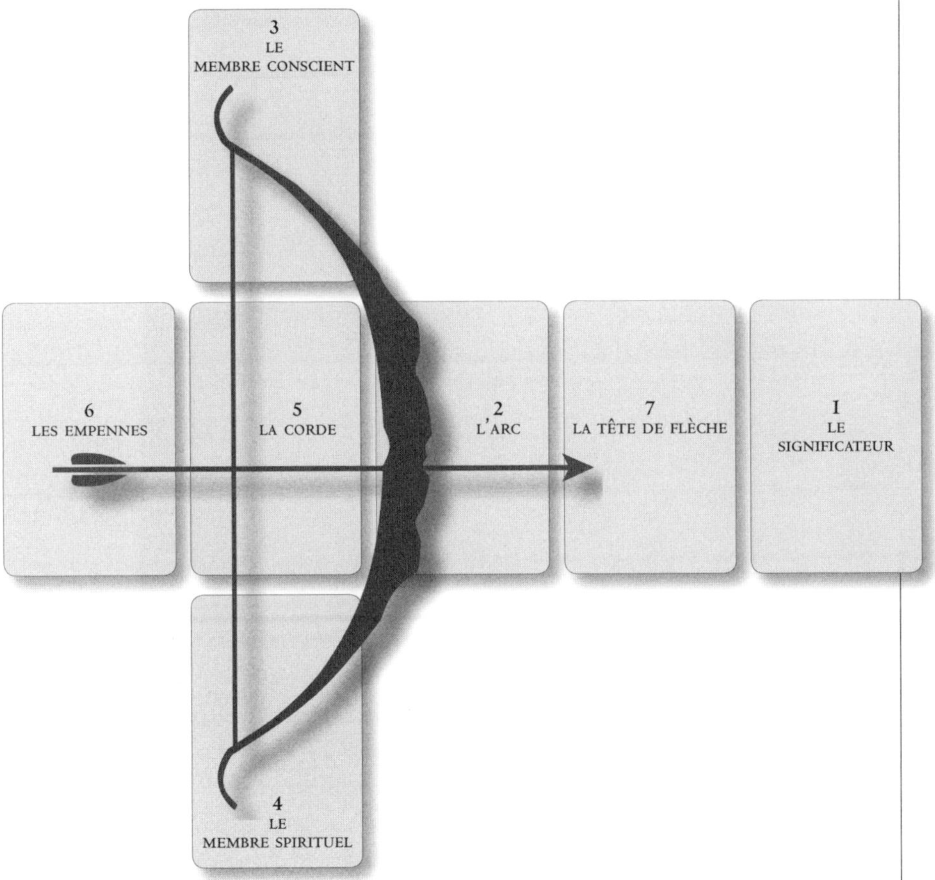

1 LE SIGNIFICATEUR représente tant la personne posant la question que le problème concerné. De quoi s'agit-il ?
2 L'ARC représente le point sur lequel le savoir-faire du demandeur peut se concentrer pour se connecter à l'essentiel de la situation. Quel est le point focal de votre problème ?
3 LE MEMBRE CONSCIENT représente l'individu conscient ou le processus analytique à l'œuvre. Que pensez-vous de la situation ?
4 LE MEMBRE SPIRITUEL représente les éléments émotionnels ou spirituels présents dans la lecture. Que ressentez-vous à propos de la situation ?
5 LA CORDE représente l'énergie ou la dynamique de la situation. Qu'est-ce qui suscite le problème ?
6 LES EMPENNES représentent le point d'équilibre, permettant à l'énergie de l'interprète d'interagir avec l'énergie de la lecture. Qu'est-ce qui guide la solution ?
7 LA TÊTE DE FLÈCHE représente l'intention personnelle de l'interprète qui, visant le problème, devint un puissant moyen d'accepter celui-ci. Quel est le résultat ?

Voici un exemple de lecture utilisant l'Étalement de l'Arc.
Alice voulait passer des vacances aux États-Unis, déjà réservées, mais qui semblaient compromises par d'autres événements. Elle a tiré les lames suivantes :
1 **Valet de Pierres,** suggérant qu'elle devait régler patiemment le problème.
2 **Reine de Pierres,** l'obligeant à réfléchir à la perte de son argent et à une éventuelle demande de remboursement.
3 **Trois de Flèches,** la poussant à analyser ses considérations : elle a admis avoir eu des hésitations quant au voyage.
4 **Dix d'Arcs,** montrant qu'elle se sentait stressée par le besoin de prendre une décision.
5 **Sept d'Arcs,** signalant qu'elle avait fait beaucoup de préparatifs et que tout était prêt pour ses vacances.
6 **Le Gardien,** disant qu'il n'y avait pas de place pour l'indécision. Le besoin de choisir était immédiat et exigeait une réponse rapide.
7 **Cinq d'Arcs,** montrant que le conflit mettrait à l'épreuve sa décision. Une grève était imminente, signe pour elle que la bataille allait commencer. Pesant toutes ces considérations, Alice a décidé d'annuler son voyage et a préféré des vacances près de chez elle. Elle a passé un excellent moment et a appris par la suite les problèmes rencontrés par ceux ayant choisi de ne rien changer à leurs plans.

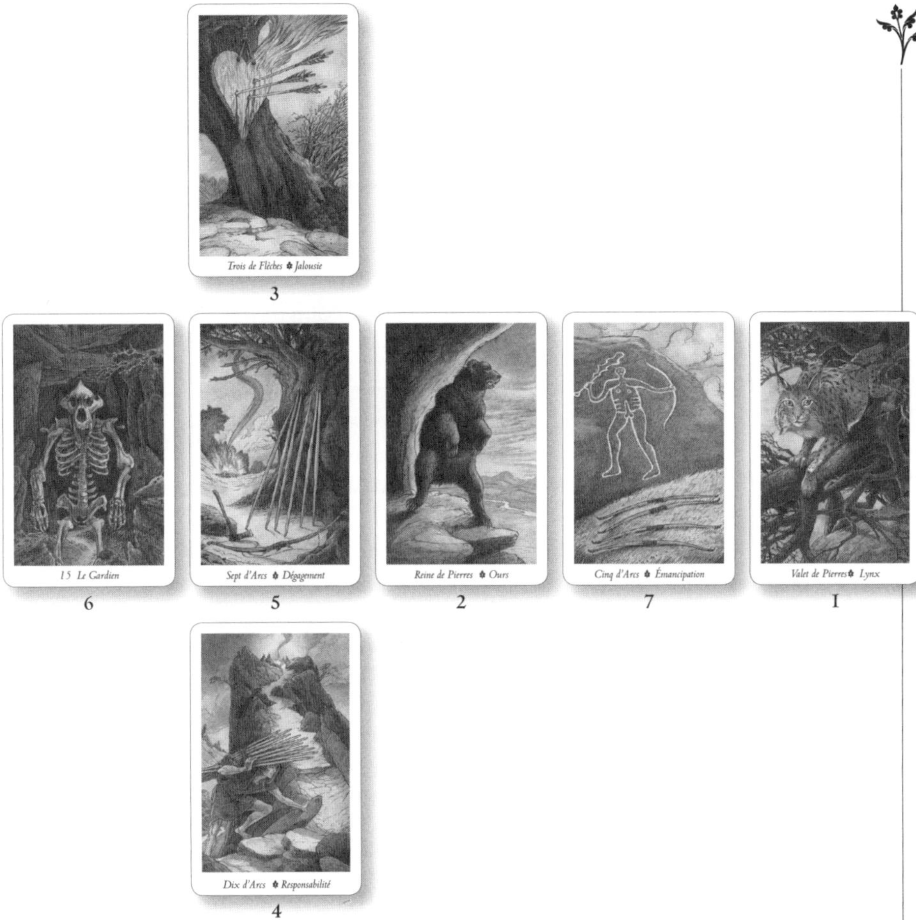

L'Étalement de l'Arbre du monde

L'Étalement de l'Arbre du monde est idéal pour les questions plus complexes ou situations exigeant une vue d'ensemble plus détaillée.

Battez le jeu, coupez-le et placez sept lames dans les positions du diagramme. Étudiez-les, puis tirez sans la regarder une autre lame, pour la huitième position, la Sagesse de l'Arbre du monde. Cette lame fournit la sagesse ou la solution cachée au problème que vous n'avez pas encore considéré. Notez que les « lames positives » arrivant dans des positions négatives et les « lames négatives » arrivant dans des positions positives peuvent révéler la dynamique subtile du problème concerné.

Les positions représentent des portails qui vous encouragent à poser les huit questions suivantes :

1 RACINES Quelle est la source du problème ?
2 BRANCHES Quelles sont les possibilités du problème ?
3 EST Qu'emportez-vous avec vous ?
4 OUEST Que laissez-vous derrière vous ?
5 SUD Qu'espérez-vous ?
6 NORD Que craignez-vous ?
7 LE CHEMIN À TRAVERS BOIS Qu'est-ce qui vous permet d'attaquer le problème ?
8 LA SAGESSE DE L'ARBRE DU MONDE La sagesse cachée du problème.

Voici un exemple de lecture utilisant l'Étalement de l'Arbre du monde.
Jonathan pensait être à un point crucial dans une longue relation amoureuse. Il sentait qu'il lui fallait aller plus loin et envisageait le mariage. Il a tiré les sept premières lames suivantes :

1 **Trois d'Arcs,** rendant clair que Jonathan voulait une meilleure réalisation dans sa relation.
2 **Le Protecteur,** suggérant qu'il devait regarder la relation de manière équilibrée et patiente. Cette lame annonce aussi le renouvellement, le rétablissement et le changement dynamique, ce qui l'a encouragé.
3 **Six de Vases,** concernant les relations de toute une vie et les liens forts de l'amour. Jonathan devait porter avec lui dans l'avenir ce qui était déjà une fondation solide de l'amour.
4 **Neuf de Pierres,** suggérant dans cette position qu'il devait regarder les années déjà passées avec sa partenaire et réfléchir à la valeur de cette période. Toutefois, le fait que l'Ouest l'encourageait à dépasser ces choses suggérait qu'il devait trouver une nouvelle approche de la relation.
5 **Reine d'Arcs,** affirmant l'évidence : sa relation était une relation d'amour durable et de bonheur, ce dont il avait réellement envie.
6 **As de Pierres,** lui disant qu'il devait transformer la relation existante en quelque chose de nouveau et d'encore plus merveilleux, qui durerait toute sa vie.
7 **Quatre d'Arcs,** incluant la notion de vacances, de lâcher prise et de détente pour s'offrir du plaisir. Devait-il abandonner ses intentions sérieuses et profiter simplement de ce qu'il avait déjà ? Jusque-là, toutes les lames appuyaient son désir de sceller sa relation par le mariage.
Il a tiré la huitième lame.

8 **Le Chaman** est synonyme d'une conscience plus intense, d'une compréhension plus profonde du monde et de ses innombrables merveilles. Ici, dans les profondeurs de la Forêt enchantée, Jonathan a reçu la réponse qu'il cherchait. Il a fait sa demande le lendemain, acceptée avec joie. À ce jour, il n'a jamais regretté sa décision.

La Visualisation de la grotte de l'Hermite

Les réponses de tout système divinatoire n'arrivent pas toujours facilement ou sous une forme immédiatement compréhensible. La visualisation suivante aide à se concentrer sur une question et à mieux comprendre la réponse. Plus vous arrivez à connaître les archétypes et ce qu'ils représentent, plus il vous sera facile de saisir leur conseil.

La visualisation, comme les étalements des pages précédentes, repose sur le voyage autour de la Roue de l'année. Tous ont pour source les méditations sur le système dans son ensemble et sur les conseils utiles et positifs facilement offerts par *Le Tarot de la Forêt enchantée*. Si vous choisissez cette méthode, vous devez réserver un laps raisonnable de temps à votre repos et suivre les lignes directrices pour un séjour détendu dans la Forêt enchantée.

Cette visualisation gentille et dynamique vous aidera à faire bon accueil aux archétypes présents dans le jeu. Toutes les images que vous verrez ne seront pas identiques à celles du *Tarot de la Forêt enchantée*, car chaque individu comprend les choses à sa propre manière. Cette compréhension partage toutefois la plupart des caractéristiques et des qualités fondamentales inhérentes à une image.

Le voyage part de l'intérieur de la Roue de l'année et va en spirale vers l'extérieur, suivant le cycle depuis le printemps jusqu'à l'hiver, puis de nouveau vers le cœur du système. Vous noterez aussi que les lames n'apparaissent pas dans l'ordre du jeu traditionnel. C'est là un résultat naturel du hasard de la méditation.

La visualisation utilise l'imagination active et les techniques de méditation et n'est pas censée induire une transe profonde ou un état hypnotique. Elle n'est pas non plus supposée être une expérience extracorporelle ou ressembler à une pratique ésotérique exigeant une direction professionnelle experte. La méditation n'a qu'un titre indicatif, et elle peut être changée ou retravaillée, partiellement ou entièrement, pour être adaptée aux besoins particuliers de l'individu.

Préparation Trouvez un endroit confortable pour vous allonger et vous détendre. Faites jouer doucement de la musique si vous en avez envie, de préférence dans une pièce à l'éclairage voilé. Respirez normalement, laissez aller le fouillis mental et, si vous avez un problème ou une question, imaginez que vous en faites un paquet, chargé sur votre épaule. Lisez ensuite lentement et clairement la description suivante, réfléchissant sur chaque étape avant de continuer.

IMAGINEZ-VOUS MARCHANT LE LONG d'un chemin très net à travers une riche forêt d'un vert profond. Lorsque vous arrivez dans la fraîcheur accueillante des arbres, vous voyez un vieux chêne un peu plus loin, dans une petite clairière. Vous approchez ce géant noueux et amical avec un sentiment de sécurité et de confort.

À la base du grand arbre se tient un personnage solitaire, **l'Ancêtre**. (Certains préfèrent apercevoir **le Chaman**, mais tout archétype avec lequel vous êtes à l'aise convient.) Il vous accueille et indique une petite porte dans le tronc du chêne. Vous l'ouvrez et pénétrez dans le creux du tronc. L'Ancêtre peut vous exhorter à lever les yeux et à regarder le ciel à travers ce creux. Vous sentirez le besoin de tendre vos doigts vers les branches les plus hautes, et vous percevrez la plante de vos pieds en contact avec les racines s'enfonçant profondément dans le sol riche et humide. Bientôt, vous aurez l'impression d'être une partie de l'arbre, percevrez les feuilles respirer et les racines absorber l'eau. Vous entendrez le vent rire et sentirez la sève traverser votre être.

L'Ancêtre vous invite à regarder **l'Étoile polaire** et à contempler sa lumière. Un rayon brillant vous baignera d'en-haut ou un unique éclat se focalisera sur votre front.

Vous deviendrez conscient de la présence des animaux de la forêt, peut-être apercevez-vous une **Hermine**, un **Renard** ou un **Lièvre**. Une **Vipère** se faufilera sous vos pieds. Vous saisirez rapidement la présence de **l'Archer** s'approchant silencieusement entre les arbres, presque caché à la vue par le feuillage épais et enchevêtré. Sans hésiter, il encoche une flèche et la lance haut dans les airs. Vous avez l'impression de voyager avec la flèche, de voir la forêt défiler sous vous. Vous observez la flèche traverser le ciel et êtes connecté à son parcours en la regardant revenir sur la Terre. L'Archer vous sourit. Il vous offre peut-être une flèche comme porte-bonheur pour votre voyage.

Vous noterez ensuite assez près un animal qui vous surveille en silence. **Le Cerf** se tient immobile et serein. Rien ne sera dit ; c'est inutile. Seule l'admission personnelle et secrète est requise.

Le moment est venu d'avancer. Dans un petit boqueteau luisant, vous tombez sur **les Amoureux de la forêt**. Leur chaleur se fait sentir partout et leur magnétisme émotionnel fait rougeoyer votre cœur. Leur corps est chargé d'énergie, d'harmonie et de fécondité. Vous reconnaissez l'un ou l'autre des amoureux ou vous sentez quelque chose de familier et de profond passer entre vous. Leur joie est infinie et assurée et votre âme sera réchauffée en leur présence.

Après un temps, l'Ancêtre vous proposera de marcher dans la forêt, si bien que vous vous éloignerez du chêne, laissant votre corps humain en sécurité sous sa garde. L'Étoile polaire reste brillante et constante dans le ciel, veillant sur vous.

Derrière les amoureux vous apercevrez montant d'un lac voisin les serpents rouge et blanc entrelacés de l'**Équilibre**. L'air est rempli d'énergie ardente passant entre eux, mais les serpents restent calmes. Vous inspirez le pouvoir étincelant de l'air et le sentez régénérer votre esprit.

L'Ancêtre vous conduit plus profondément dans la forêt et vous entendez de la musique et du rire un peu plus loin. En traversant une arche de feuilles entrelacées et de branches solides, vous arrivez dans une grande prairie. En laissant derrière vous les arbres, vous approchez d'une grande table chargée de tous les fruits de la forêt.

Assis au centre du banquet, **l'Homme vert** et **la Femme verte** rient et chantent. Tous les habitants de la forêt dansent et mangent à satiété. La joie remplit l'air.

Un **Héron** vole le long d'un ruisseau gazouillant et un **Faucon** fier s'élève au-dessus de votre tête. Un **Cheval** paît l'herbe nourrissante et un jeune **Lynx** joue avec plaisir au soleil. Le rire du couple royal résonne à travers la clairière et vous vous surprenez à sourire et à taper du pied au rythme d'un tambour qui résonne comme le battement du cœur du monde. On vous offre de la nourriture, de la boisson et de l'amitié, accueil sincère et extrêmement chaleureux. Vous restez là un moment, vous sentant détendu et chez vous, mais le temps de continuer votre voyage arrive rapidement. En faisant vos adieux à la cour de la Forêt enchantée, la mélodie chante dans vos oreilles et le rire laisse son écho dans la mémoire de votre âme.

Brusquement, un éclair aveuglant d'été roussit le ciel et vous voyez la forme embrasée du **Chêne foudroyé** et le corps en flammes du **Pendu**. Sa chevelure est ardente, sa peau en feu, mais son expression est calme et patiente, sa posture contrôlée et imperturbable.

Vous entendez maintenant au loin le rugissement grave d'une créature puissante et remarquez un personnage vêtu d'une peau de lion et armé d'une lance. C'est **le Protecteur**. Le rugissement ne vient pas de lui, mais des profondeurs de la Terre. Il semble imprégner les airs et se réverbérer dans votre poitrine. La présence du Protecteur est imposante et vous percevez le pouvoir caché derrière son regard calme.

À mesure que vous avancez, le ciel prend la couleur de la mer furieuse, dominé par des nuages d'un pourpre foncé. Vous apercevez le lac de la forêt, des eaux duquel se lève le personnage serpentin de la déesse du **Miroir**. Elle vous invite à monter dans la barque attachée à la berge et à laisser le courant vous conduire vers une île. Vous y verrez le manteau de **la Roue** disposé sur le métier à tisser, débordant de couleurs et de belle texture. Ce manteau est pour vous : endossez-le. Revenez ensuite sur la berge, remerciez la déesse pour sa gentillesse et poursuivez votre voyage.

Vous serez surpris par un personnage intimidant sautant des taillis ou tombant avec élégance d'un arbre ! Ce remarquable métamorphe est **le Gardien**. Inutile de le craindre, il ne vous veut pas de mal, car il est aussi un protecteur sage, quoiqu'énigmatique, de votre voyage. Il vous désignera, avec un sourire sardonique, le corbeau vous surveillant de loin ou les os blanchis et la chair d'une charogne. Il vous mettra joyeusement au défi par des devinettes ou testera votre détermination par des moqueries. Restez calme. Cherchez la lumière qui luit gentiment dans l'obscurité un peu plus loin sur le chemin et sur une petite colline, et vous distinguerez bientôt **l'Homme encapuchonné**. Faites vos adieux au Gardien et marchez d'un bon pas vers la lampe rougeoyant.

L'ombre furtive d'un **Loup** traversera les arbres et un **Roitelet** s'élancera sur les hautes branches. En approchant de la lumière jaune pâle de la lampe, vous sentirez le regard du **Grand ours** vous observant depuis un petit tumulus distant. Prenez un moment pour affronter ses yeux et saluez silencieusement ceux qui reposent dans la terre tranquille. Vous réaliserez alors que vous êtes revenu au Grand chêne et que l'Homme encapuchonné vous montre le chemin de retour à **l'Arbre du monde**.

Dans le creux de l'arbre sont assis silencieux **le Chaman** et **le Voyant**. Vous pouvez leur poser des questions si vous le voulez, et ils vous répondront peut-être, ou vous pouvez vous asseoir en silence pendant qu'ils vous montrent les mystères sans âge de **la Lune sur l'eau** montante ou du **Soleil de vie** se couchant. Votre relation avec le Chaman et le Voyant est très personnelle et doit être entretenue pour devenir intime. Accordez-vous un peu de temps là, dans la contemplation et le silence.

Lorsque vous êtes prêt, vous montez une fois de plus dans les hautes branches de l'Arbre du monde et percevez le vent passer à travers les feuilles et les petits oiseaux faisant leur nid. La plante de vos pieds ne fait qu'un avec ses profondes racines qui s'enfoncent dans le sol pour ancrer l'Arbre du monde au cœur de l'univers.

Le moment est venu de rentrer. Remerciez votre guide, quel qu'il soit, et acceptez les changements qui ont pris place ou les inspirations trouvées. Jetez un coup d'œil dans votre sac et voyez si votre question a encore besoin d'être posée aux lames. Vous constaterez peut-être que vous avez déjà une réponse.

NOTES SUR VOS LECTURES

Vous pouvez noter ci-après
les observations suscitées par vos lectures.

Ressources

Des ateliers basés sur *Le Tarot de la Forêt enchantée,* dirigés par Mark Ryan et John Matthews, sont prévus. John Matthews offre des cours de chamanisme à la *Foundation for Inspirational & Oracular Studies* (FIOS). Pour un plus d'informations sur ces activités, visitez le site web : www.WildwoodTarot.com
le site web de John et de Caitlin Matthew : www.Hallowquest.org
ou écrivez à BCM Hallowquest, London WCIN 3XX, GRANDE-BRETAGNE.

Lectures conseillées

Matthews, Caitlin & John, *Vivre aujourd'hui la quête arthurienne,* Éd. Danglès, 1991
Matthews, Caitlin & John, *Le Tarot arthurien,* Éd. Véga, 2004
Matthews, John, *Le Chaman celtique,* Éd. Du Rocher, 1996
Matthews, John, *Le Tarot du Graal,* Guy Trédaniel Éditeur, 2007
Matthews, John, *La légende du roi Arthur,* Éd. Flammarion, 2008
Carr-Gomm, Philip, *La Renaissance druidique,* Éd. Guy Trédaniel, 2001
Carr-Gomm, Philip, *L'Oracle des druides,* Éd. Guy Trédaniel, 2006
Carr-Gomm, Philip, *Initiation à la tradition druidique,* Éd. du Rocher, 1995

À propos des auteurs

MARK RYAN a combiné ses talents d'acteur, de chanteur, d'écrivain et de metteur en scène lors de ses 30 ans d'une carrière éclectique dans l'industrie du spectacle. Il a joué à Londres dans plusieurs comédies musicales à succès, ainsi que dans la série télé britannique *Robin des Bois*. Il a récemment doublé plusieurs personnages du film *Transformers* et a écrit un roman graphique, *The Pilgrim*.

JOHN MATTHEWS, historien, folkloriste et auteur primé de livres pour enfants, a participé à plusieurs projets audiovisuels. En 2003, il a été conseiller historique pour le film de Jerry Bruckheimer *Le Roi Arthur*, et a reçu une récompense de la Bitish Academy of Film and Television Arts pour son travail sur le DVD éducatif l'accompagnant. Il travaille sur plusieurs nouveaux projets, dont une série de romans graphiques sur le jeune roi Arthur et un roman graphique sur la quête du Saint Graal par les nazis. Il a vendu récemment son premier scénario cinématographique et en développe actuellement quelques autres.

À propos de l'illustrateur

WILL WORTHINGTON travaille comme illustrateur depuis 30 ans. Son intérêt pour le passé et pour la mythologie arthurienne et celtique est visible dans ses tableaux et dessins. Il a contribué aux illustrations du *The Book of Druidry* et *The Druid Way*, en plus de créer les illustrations des lames de *L'Oracle druidique des plantes*, *The Druid Animal Oracle*, *The Green Man Tree Oracle* et *The DruidCraft Tarot*.

Remerciements

Merci à toute l'équipe des éditions anglaises Eddison Sadd, spécialement à Nick Eddison pour nous avoir donné l'occasion de présenter la Forêt enchantée dans ce nouvel habillage de feuilles, et à Ian Jackson pour sa patience et sa bonne humeur. Merci à Caitlín Matthews pour nous avoir permis d'adapter son « Étalement du portail » à l'utilisation avec ce jeu, ainsi que pour son aide et encouragement. Merci à Dwina Murphy Gibb pour son soutien sage et altruiste sur tant de plans et, pour finir, un grand merci à Will Worthington pour ses illustrations superbes et inspirées.

EDDISON•SADD EDITIONS

DIRECTEUR D'ÉDITION Ian Jackson
ÉDITEUR PRINCIPAL Katie Golsby
CORRECTEUR Peter Kirkham
DIRECTEUR ARTISTIQUE Elaine Partington
MAQUETTISTE Malcolm Smythe
PRODUCTION Sarah Rooney